12 Mundus Scientiae

汎瞑想

もう一つの生活、もう一つの文明へ

熊倉敬聡

ヴィパッサナー瞑想
ティク・ナット・ハン
日本の変革・再創造
Art of Living
快楽の瞑想
エコ/エロゾフィ
マインドフルネス
エコヴィレッジ
“空”なるコミュニティ

The Liberal Arts

慶應義塾大学教養研究センター選書

汎瞑想——もう一つの生活、もう一つの文明へ　目次

はじめに

日本。――バブル経済・文化の崩壊以後も、多くの者が、相も変わらず、「バブル」が如き、儚くも執拗に舞い漂う数限りない情報・イメージ・記号に踊らされ、苦しめられ、生きてきた国。この、世界でもとりわけ「ハイパーリアル」な国を、二つの度しがたく「リアルなもの」が襲った。巨大地震・津波と、福島第一原発の大事故である。前者は、あまりにもあからさまに、あまりにも圧倒的に、人々の生活・生命を破壊し尽くし、後者は（媒介する装置なくしては）全く目に見えない放射能として、日々の生命・生活を脅かし続けている。人間の感覚・生を、その両極ではるかに凌駕する二つの「リアルなもの」（私たちは、それに、未だ辛うじて潜在化しているが早晩私たちを襲うであろう第三の「リアルなもの」――「ハイパーリアル」なものそれ自体の過剰飽和がもたらす「リアルなもの」＝国家財政破綻を付け加えることもできよう）。

私たちは、否が応でも、これまでの生活の在り方、社会の在り方、経済の在り方、政治の在り方、文化の在り方、すなわち生存するためのすべての条件の根本的見直しを迫られている（にもかかわらず、相も変わらず、見て見ぬふり、先送りに済まそうとする人々も多々いるが）。私たちが——私も——多大な恩恵を被り、それに苦しまされてもきた、この資本主義の社会・文化。それが今や、明らかに危機に瀕している。しかし、危機は、何も、この前代未聞の二つの災厄に見舞われた国に固有なものではない。実は、世界を覆う資本主義という一つの文明の危機でもあるのだ。その地球に遍在・潜在する文明的危機が、この、元々地質学的に脆弱な国で、あまりに無惨に露呈したにすぎない。

だからもし、この国が、この社会が、そこに生きる人々が、この危機を何とか乗り越え、新しい生き方、新しい社会・経済・政治・文化の形を作り出すことができたら、それは一国に留まらず、文明史的出来事にもなるだろう。

福島第一原子力発電所三号機の水素爆発
（2011年3月14日）

中沢新一もまた、同じ見方をとる。特に彼は、「エネルゴロジー＝エネルギーの存在論」の観点から、「日本の大転換」を語る。

彼によれば、原子力エネルギーは、それまで人類が利用してきたエネルギー（火、家畜、風、水、石炭、石油など）と、根本的に異なると言う。それまでのエネルギーがすべて生態圏内部のエネルギーであるのに対し、原子力は「太陽圏」に属するはずの太陽の核反応という「外部」を「無媒介」に生態圏の内部に持ち込み、莫大なエネルギーを得ようとする。「『第一次エネルギー革命』である火の獲得から『第六次エネルギー革命』の石油の利用にいたるまでは、原子の外殻を形成する電子の運動から、すべてのエネルギーが取り出されている〔中略〕。ところが、『第七次エネルギー革命』が実現した『原子力の利用』だけが、原子核の内部にまで踏み込んで、そこに分裂や融合を起こさせた」[*1]。

そして、この「生態圏」の内部にないはずの「外部」を持ち込む技術は、他ならぬ、超越的唯一神という「外部」を、人間の世界の内部に持ち込んだ「一神教」の、近代的・科学技術的応用であると言う。「一神教」を信仰もせず理解もしていない日本の科学者・技術者たちが、福島の事故において原発の「一神教」的構造への無理解を露呈し、おむつや入浴剤などの苦し紛れのブリコラージュに終始したのも、当然といえば当然であろう。

また、中沢は、資本主義システムも、原子力エネルギーと相同的な構造をとると言う。資本主義は、社会という人間にとっての「サブ生態圏」に、やはり市場メカニズムという全く異質な「外部」を持ち込み、それを変質させてきた。「原子力と資本主義は、生態圏にたいする外部性の構造によって、おたがいが兄弟のように似ている。生命的な生態圏と精神的な生態圏にたいして、両者は類似の外部的なふるまいをおこなうことによって、これら二種類の生態圏に深刻なリスクをもたらすのである」[*2]

原子力エネルギーの、人類にとっての特異な構造に無理解であった日本の原子力技術は、その無理解を、福島第一原発の前代未聞の事故という形で、世界中に露呈した。それに構造的に連動して、原子力に大きく依存してきたこの国の資本主義、文明もまた、大いなる危機に瀕している。だから、この危機を打開するには、選択肢は一つしかない。日本は文明の大転換をはかり、エネルゴロジー的にも新しい革命＝「第八次エネルギー革命」を敢行するしかない。

「第八次エネルギー革命」は、いかにしてなされるのか？　それは、太陽からの自然なエネルギーの贈与を「媒介」するような電子技術を駆使して（ちょうど植物の光合成の仕組みを電子的に模倣するように）、生態圏に過剰な負荷のかからない、「中庸」な質のエネルギーを得ることによって成し遂げられる（中沢は、この第八次エネルギー革命の「中庸」は、ちょうど第七次革命が「一神教」から由来したのに対し、仏教の「中庸」の思想を体現すると言う）。太陽光発電を筆頭に、風力発電、バイオマス発電、海洋温暖差発電、小水力発電など、太陽エネルギーを生態圏のなかに媒介的に電子的に変換するシステムの構築こそ、第八次エネルギー革命だと言う。それを、第七次革命の犠牲となった日本が、率先して行うしかないと言う。

そして、この第八次革命は、ちょうど第七次革命が資本主義と連動していたように、新しい経済システムを招来する。それは、市場メカニズムをある意味で継承しながらも、そこに自然からの「贈与」（新しい農などの形）、他者からの「贈与」（地域通貨など）、そして自己の無意識からの「贈与」（脳（心）によるイノヴェーション産業）を組み込み、変換していくような「贈与」経済のシステムになるだろう。

そして、中沢は結ぶ。「今回の大震災と原発事故をきっかけとして、日本は『新しい日本』に生まれ変わることのできる可能性を開かれた、と考えようではありませんか。可能性を現実に変えるには、理念が必要です。『太陽と緑』が象徴する新しい思考がそのような理念になることを、私は心から願っています」。[*3]

私は、中沢のこの主張を（各論によっては首肯しがたいところがありながらも）、基本的に支持したい。私もまた、本論で、〝もう一つ〟の文明の可能性を模索していくが、中沢の論点とはやや異なった論点から、論じていくことになろう。

第1章で詳しく見るように、フェリックス・ガタリは、その1989年に書いた『三つのエコロジー』において、「エコゾフィ」という新たなコンセプトを提示している。彼によれば、それまでのエコロジーの主たる関心は、自然環境が抱える危険（公害問題など）に注がれてきた。しかし、この地球を覆うエコロジー的アンバランスとそれが引き起こす人間の生活様式の悪化を改善・変革するには、彼が「『エコゾフィ』と呼ぶ倫理的-政治的思想・実践、すなわち環境、社会関係、人間の主観性といった三つのエコロジーの領域を連動させるような思想・実践」[*4]こそを実現しなくてはならないと主張する。

私が、本論で挑んでみたいのは、〝もう一つの〟文明の可能性を、「エコゾフィ」的に、すなわち「環境」のみならず、「社会関係」、特に「人間の主観性」の領域において、私独自に探索することだ。「汎瞑想」、それが探索のキーワードだ。

なぜ、「汎瞑想」か？　瞑想とは、後に詳しく見るように、心を静め集中させ、すべてをありのままに観きる精神的な修養である。それは、今ここに生きることの幸福を追求するがゆえに、それを妨げ、そこから逸脱させるあらゆる煩悩、妄念、執着などを手放す技である。ところで、私の見るところ、資本主義とは、人々が貨幣という記号・煩悩に取り憑かれ、その近未来的増殖に狂おしいほどに執着し、他者としのぎを削りながら、今ここにあることの幸福を抑圧し、禁欲的な努力に倒錯的な快楽を見出すようなシステムであろう。貨幣記号の増殖への異常な執着、これこそ、資本主義を駆動する欲望だ。その欲望の気違いじみたエスカレーションに、今、人類は、地球は、懊悩し、断末魔の叫びをあげている。

瞑想は、何よりも、脱‐執着の技術である。心を、「今ここ」から逸らす記号や情報、渇望や嫌悪への執着から、解き放ち、「ありのまま」に生きる幸福の追求へと導く行である。それは、資本主義という文脈にあって、とりわけ〝脱〟資本主義的な実践・思想たりうる。

だが、なぜ「汎」瞑想なのか？　瞑想を〝開く〟ため、禅寺や僧院などややもすると社会的に閉じられ特権化された時空から、瞑想を救い出し、市井に、人々の日々の生活のミクロな場面に、解き放ちたいがため。なぜか？　資本主義が、そうした生活のミクロな場面に浸透し尽くし繁殖しきっているから。資本主義が、本来の領域だった「経済」から溢れ出し、社会の、個人のあらゆる微細な襞にまで入り込み、「第二の自然」と化し、〝超〟資本主義化したがために。瞑想もまた、そうした生活の微細な襞で実践され、資本主義的執着と闘わなくてはならない。超‐資本主義を超える〝もう一つの〟文明を真に志向するには、つまり「エコゾフィ」的に志向するには、エネルゴロジー的革命と同時に連動してスピリチュアルな変革も必須なのだ。「汎」瞑想たる所以である。

また、この汎瞑想は、後に展開するように、個人の精神的営みとしてだけ実践されるわけではない。そうした実践を敢行する個人たちが、集い、自分らの精神的営為を共鳴・共振させながら創りあげていく、来るべきコミュニティの在り方でもある。超資本主義からの脱執着、今ここにありのままに生きることの幸福を、享受しあい、創造しあうような、〝もう一つの〟コミュニティ。それは、とりあえずは「エコヴィレッジ」などと呼ばれているコミュニティ作りを、再考し、再発明することにもなろう。

本論はだから、私たちを襲った未曾有の災厄とともに、それを何とか乗り越えるべく、〝もう一つの〟文明の可能性を、個人の中に、社会の中に、自然の中に、探究する試みである。

[註]

1 中沢新一『日本の大転換』、集英社、2011年、28-30ページ。

2 同書、42ページ。

3 同書、141ページ。

4 Félix Guattari, Les trois écologies, Paris, Editions Galilée, 1989, pp.12-13（拙訳。以下同様）。なお、フェリックス・ガタリ『三つのエコロジー』（杉村昌昭訳、大村書店、1997年）が存在しているが、行論の関係上、あえて拙訳した。

第1章 〝もう一つの〟文明へ

1 Art of livingとしての瞑想

朝、通勤、通学のため、自宅から駅へ。両耳にはイヤホン、流行りのポップスが頭に響き渡る。いつもの地下鉄に乗り込む。携帯の小さい画面に目を凝らす。おもむろに親指をキーボードに走らせる。あるいは昼食、フォークにパスタを絡めつつ、目と耳は、テレビの映像と音声に釘付け。

朝、イヤホンを耳から外す。深くゆったり呼吸し、歩を進める。と、朝日のきらめきが、木々の緑が、鳥のさえずりが、いつもよりひと際鮮やかに感じられないだろうか。地下鉄の中、携帯を取り出す代わりに、目を閉じる。しばし、吸う息吐く息に集中する。と、疾走する車両が地下道に響き渡らせる轟音に、微妙な音色・リズム・強弱があり、都市の奥深い闇が奏でる交響曲のように聴こえないだろうか。昼食時、テレビを見る代わりに、パスタを食べることそのものに心を集める。と、パスタがソースに絡む複雑な味わいが、食材それぞれの滋味が、ひときわ豊かに深く広がらないだろうか。

私たちの生活、感覚は、刻一刻、膨大な情報・イメージに覆われている。覆われ方があまりに全面的であるため、それに気づかないほど。ある意味で、それらの情報・イメージは、私たちの生活、感覚を「豊か」にしている。が、それらはあまりに多く、あまりに遍く覆っているため、さすがの私たちも時に、こうした状況そのものに疲れ果て、すべてを投げ出したくならないだろうか。

　私がこれから語る瞑想は、そうした情報・イメージが覆い尽くす生活、感覚に一陣の風を吹き込み、情報やイメージの靄を晴らし、世界を改めて鮮やかに感じさせる技といえよう。

　瞑想というと、何やら神秘的な、日常からかけ離れた禅寺や僧院などで営まれる禁欲的な修行と考えがちだ。事実、そうした瞑想もある。が、私がこれから語りたい瞑想は、私たち「世俗」に生きる者たちが日々の生活を送りながら、「日常」の一瞬一瞬を非日常的目覚めへと変えていく技――歩き慣れた道を歩く、乗り慣れた電車に乗る、食べ慣れた食べ物を食べること一瞬一瞬に、〝今ここ〟でしか味わえない生きることの豊かさ、驚きを再発見する技のことだ。生きることそのものの技、art of living。

「アート」――これまた日常から遠く、美術館、コンサートホールで厳かに拝見・拝聴しなくてはならないものと思いがち。が、〝art of living〟はそうでなく、日々、一瞬一瞬生きることに、ほんの少しの工夫=artをすることによって、生きることそのものをより鮮やかに、より妙なるものに、より悦びに満ちたものに変容させていく技である。

　ほんの少しの工夫＝artの中心、それは、呼吸、息を吸い吐くことだ。ふだん意識することなく自動的に行っている呼吸を、少しゆっくり少し深く味わいながら行うことにより、呼吸のみならず、身体の感じ方、心の在り様、世界の認知の仕方まで変わっていく。不思議な体験だ。今までなぜこんなことに気づかなかったのだろうと怪訝に思うほど身近なことでありながら、生きることの風景を鮮やかに変えてしまう、そんな〝秘技〟でもある。

私も、この身近な秘技に気づき、意識的に行い始めたのは、最近だ。5、6年前からだろうか。この技に興味を持ち始めた私は、その後、さらに深く知るため、京都の山奥で坐り、フランスの片田舎で食べ、スイスの湖畔で歩き、インドの街角で嗅ぎ、東京の自宅で寝た。呼吸を味わいつつ、坐ること、食べること、歩くこと、嗅ぐこと、寝ることそのものの豊饒さと深密さを堪能した。これから語る体験と思索は、私自身のそうしたささやかな art of living の軌跡に他ならない。

2　この技は私だけのものではない

人は問うだろう——とは言っても、瞑想という身近な秘技、世界の、生きることの、鮮やかな変容の技は、少ないながら5、6年「修行」した者だからこそ、発揮できるのではないか？　いや、そんなことはない。瞑想の経験など皆無だった者でも、ほんの少しの工夫＝ art をすることで、世界の認知、生きることの在り様を、鮮やかに変えてしまうのだ。

授業の学生たちに、「歩くメディテーション」を行ってもらう。通い慣れた通学路をただ歩いてもらう。「普通に」歩くと、「平凡な」街道と「平凡な」住宅街を通る10分ほどの道。ただ、いくつかの工夫をするように言った。「1深い呼吸を何回か行う。自然な呼吸に戻し、呼吸に心を集めつつ、落ち着ける。2歩いていることそのものに集中する（心が逸れたら、再び呼吸に心を集める）。3体全体で、五感を全開にして感じ取る。4自分のペースでゆっくりと歩く」。

こうして、学生たちは最寄り駅（東急東横線日吉駅）から大学のキャンパス（理工学部矢上キャンパス）まで歩いた。何人かの感想だ（傍点筆者）。

「いつも通っている同じ道でも、時間によって風景は大きく異なるし、その日の気温や湿度、周りにいる人間も変化します。ですから、同じということは絶対にありません。そして、小さな変化でも、一つ一つ感じると、心地よかったり、面白かったりと、日吉─矢上間の道は楽しいものであると感じることができたのです。『駅から学校まで無駄に遠くて嫌だ』という認識を変えることができました」。

「晴れの日の朝と雨の日の夜で二回瞑想をして歩いた。まず朝の道では、太陽を全身に浴びているような感じがした。頭のてっぺんからつま先まで太陽を受けている気がして、太陽の存在を改めて大きく感じた。次に車が近づいて遠ざかる音が、波の寄せては返す音のように聞こえ、とても心地よかった（ただしバイクや電車はうるさかった）。夜の道では普段意識していない音を感じることができた。例えば、足が地面に着くときの音、鳥の鳴き声、下水道を流れる水の音など、普段は静かだと感じていた帰り道でも、こんなにたくさんの種類の音があったのだと分かって驚いた。また光に関しても似たような感想をもち、光には白色の車のライトや黄色の街灯の明かり、緑や青色の看板の明かりなどいろいろな色があり、夜の街がたくさんの光で照らされていることを知って、帰り道が楽しくなった」。

「まず雨の日の朝に瞑想した時は、傘で覆われているため世界が閉じているように感じられた。また視覚が制限されているため、聴覚と嗅覚の方が鋭くなった。聴覚的には、傘に雨粒が当たる音が良く聞こえ、その奥に車や電車の音が聞こえた。〔中略〕また、雨粒が当たる音は一定ではなく、大きな音や小さな音が混ざり合っていてリズムもバラバラであり、聞いていて飽きなかった。一方嗅覚的には、思っていたよりも雨の匂いを感じなかった。しかし矢上の坂道に差し掛かると、草や木の匂いを強く感じ、心地よかった。今まで毎日のように歩いていたが、この時ほど草や木の匂いを感じたことがなく、非常に驚いた」。

この、音、光、匂いの豊かさ、「驚き」、「楽しさ」を、彼らは、数年間毎日のように通うなか、初めて味わった。事前に長期の修行をしたわけではない。簡単な指示に従っただけだ。

最後の学生は、さらに続ける。「続いて、晴れた日の夕方に瞑想した。矢上の下り坂がとても気持ち良く、夕日の光が優しく包み込んでくれるような気がした。また、風で葉がこすれる音が聞こえ、草や木の香りもした。〔中略〕また、空を見上げると線状の雲が重なり合っていてきれいだったが、電線が多く不快に感じた。普段は電線はほとんど気にならないため、無意識に電線を排除して空を見ていることに気がついた。さらに、そのまま東急のスーパーに入ったところ、商品・人・音楽などさまざまな情報が一度に入ってきたため、一瞬で非常に疲れた。そしてこのような場所を特に疲れることもなく当たり前のように歩いていた自分に驚いた」。

この非常なる「疲れ」がもはや疲れとすら感じられない、そんな異常な（？）環境にこそ、私たちは日々身を晒している。それほどまで、情報は「第二の自然」として、私たちの心に、体に滲み渡っている。刻一刻疲弊させている。手遅れだろうか。いや、そこにこそ、瞑想の秘められた力が、一陣の風のように、情報の分厚い靄を吹きはらす。学生たちが証すように。

3　超資本主義という〝悪〟

瞑想――この、生き方を鮮やかに変容させる技。が、個人の生き方だけを変えるのではない。社会をも、文明をも、変えるかもしれないのだ。これから書き連ねていく言葉も、その可能性を探索していく。瞑想が、社会をも、文明をも変えていく？　不可解な問いに答える前に、なぜ社会は、文明は変わらなくてはならないのか、考えよう。

現在の社会・文明を動かす最大の力、それは資本主義、〝超〟資本主義だ。超？　もはや経済のみならず、他の生活、社会のあらゆる領域にまで横溢し蔓延《はびこ》っているが故に。マネーがマネー自らを商品と化し、無限に自己増殖していくが故に。その膨大なマネーの波濤が、時に人々の生のリアリティを打ち砕き、没し去るが故に。

石油、天然ガスは、地球から抜き去られ、森林は焼き払われ、水は干上がり、空気は穢される。氷河・

氷山は溶け出し、紫外線は皮膚に突き刺さる。ハリケーンは巨大化し、洪水が土砂、人々の生活を押し流す。遺伝子は組み替えられ、クローンという生物学的化け物が作り出される。いつ爆発するやも知れぬ無数の核爆弾、原子力発電所が脅かす（現に爆発してしまった）。

富める者はますます富み、貧しき者はますます悲惨に増え続ける。テロリズムが街角で炸裂し、摩天楼を薙ぎ倒す。一神教は、陵辱しあい、殺しあう。強大な軍事力が、神の名の下に、「悪」を、市井の暮らしを、木っ端微塵に粉砕する。ますます高度化するデジタル機器は、人体・五感を不感症にし、人々をつなぎつつも、孤立させ、匿名化させる。男たちはエロゲーに「萌える」も、生々しい肉とは交わらず、女たちは「エステ」なイメージに取り憑かれ人体改造に嬉々とする。デジタル的にますます薄く、「スーパーフラット」[*1]化する自己は、自らの存在論的〝もろさ〟を、世に明滅する刹那的でスペクタキュラーな模像＝「シミュラークル」に藁をもすがる思いで仮託するが、自己の奥底には、どす黒い欲動のマグマが沸々と煮えたぎるも、その御し方を一切知らず。誰も教えてはくれなかった。だから、些細な衝撃で、突如「キレ」、噴出したマグマで、人を殺傷する。あるいは、蟻地獄のような吸引力に囚われ、「ひきこもり」、自傷したりする。もしくは、ドラッグでトリップしたり、セクトに狂信し、「人工楽園」や「神の王国」へと逃避する。

自然、他者、自己もろとも、超資本主義は、文明的断末魔の苦しみへと陥れる。

しかも、この未曾有の「世界システム」は、今や、それ自体、巨大な自家撞着に陥っている。元来の構造上、歴史的にも自らの危機＝恐慌により逆説的に生き延び、成長してきたこのシステムは、現在、前代未聞のカタストロフィに襲われている。元々、ある超越的な権力への共同幻想により、自らを無尽蔵の如く「信用創造」してきたマネーは、今やその共同幻想の魔術そのものを、失わんとしている。私たち人類が、自分たちで自分たちを煙に巻き続けてきたこの一世一代の魔法は、もはやこれまでのように、私たちを目眩ますことはできなかろう。

こうして、システム内部に、また外部に〝悪〟[*2]をますます蔓延らせようとしている巨大で繊細なシステム＝超資本主義は、もちろん、私たちに〝悪〟だけをもたらしたわけではない。少なくとも物理的に、そして想像的に、多くの者たちに〝善〟をもたらしてきた。富の蓄積は、科学技術、交通、コミュニケーション、医療、教育、さらには文化に至るまで、人々の物理的・想像的生活をある意味で「豊か」にしてきた。私だって、その「豊かさ」の恩恵を受けている。しかし、それは今や、人類にとり、あまりにも巨大、あまりにも繊細、あまりにも狡猾になりすぎて、その存続そのものが、人類の存続、地球の存続を脅かす。人類は、まさに、自らが編み出したシステムに自縄自縛され、自滅せんとしている。

4 〝もう一つの〟文明へ

この人類史的危機にあって、幾たりかの識者たちは、人類に（少なくとも）〝もう一つの〟選択肢があり、（自滅しないためには）それを選択しなくてはならない、と主張する。

たとえば、『21世紀の歴史』の著者、ジャック・アタリは、肥大化した資本主義、彼の云うところの〈超帝国〉が、人類に新たな狂気を生み出し、極度の富と貧困の元凶となり、自然環境を喰いものにし、人類に人工器具を取り付けさせ、自らを加工品として大量生産・販売するようになる、と言う。「こうして、人類は自らの被造物であることをやめ、滅び去る」[*3]。

人類は、この〈超帝国〉の狂気を何とか押しとどめようと、地球のいたるところで、様々な組織（国家、宗教団体、テロ組織、海賊など）が、残虐行為や戦闘を、現に繰り広げ、これからもますます繰り広げていくだろう。この〈超紛争〉も、そのままだと、人類を滅亡へと導くことだろう[*4]。

この21世紀に押し寄せる巨大な「第一波」＝〈超帝国〉と「第二波」＝〈超紛争〉。人類が自滅しないためには、「第三波」、すなわち〈超民主主義〉が興隆し、人類全体をもう一つの歴史の流れへと導かねばならないとする（アタリは、人類が決定的な過ちを犯さなければ２０６０年頃〈超民主主義〉が勝利すると言う）。〈超民主主義〉の担い手は、〈トランスヒューマン〉たちだ。〈トランスヒューマン〉とは、「愛他主義者で21世紀の歴史や同時代の人々の運命に関心をもち、人道支援や他者に対する理解に熱心であり、次世代によりよい世界を遺そうとする」[*5]人々だ。彼（女）らは、〈調和重視企業〉で働き、〈マイクロファイナンス〉などに基づいた愛他主義経済を作り出す。また、都市、大陸、さらには地球規模で、参加型・連帯型民主主義的組織を作り、最終的には、地球政府・地球憲法・地球軍・地球通貨を創造する。そして、彼（女）らは、〈世界規模のインテリジェンス〉をニューラル・ネットワークのように張り巡らしながら、人類の共通資本（気候、大気、水、自由、民主主義、文化、言語、知識など）を保護し、後世に伝えていく。[*6]

こうして、個々人は、（もし〈超帝国〉ないし〈超紛争〉が勝利しなければ）〈超民主主義〉を実現しつつ、それが保証する「必需財」を生活において享受することだろう。「必需財」とは、「知識、住居、栄養、介護、職業、飲料水、大気、安全、自由、社会的公正、尊厳、各種ネットワーク、養育期間、立ち去る権利あるいは居残る権利、同情する、孤独に生きる、複数の情熱で生きる、多方面で誠実に生きる、死に際に親族に取り囲まれるといったものを利用・実現できる状態を指す」。[*7] 中でも、最も重要な必需財は、「心地よい時間」だ。「心地よい時間」の中で、各人は「自らの才能を開花させ」、「自由に長く若々しく生きる」。[*8]

かくして、人類は、まさに今、人類史的岐路を横断しつつある。〈超帝国〉と化した資本主義の暴走とともに（それに伴う〈超紛争〉の激化とともに）滅亡の一途を辿るか、はたまた〈トランスヒューマン〉たちが連帯し、〈超民主主義〉を創設し、〈超帝国〉と〈超紛争〉への崩落を食い止めるか。今や、人類全体、私たち一人一人が、この大いなる問いを突きつけられている。

「21世紀の歴史」についての、アタリの「予言」。いささかＳＦチックな言辞と粗っぽい論法が気にかかるが、ヴィジョンそのものには共感したい。ただ、彼の提起する様々な制度上の変革・発明を裏打ちする、人類の精神的な変革・発明がなければ、〈トランスヒューマン〉たちも、それこそＳＦチックな絵空事に終わってしまう。「心地よい時間」に憩うだけでは足りないのだ。その精神的な変革・発明の要こそ、瞑想ではなかろうか、と私は強く思うのだ。

なぜ瞑想か？　その問いを深めるには、変革すべき、超資本主義的「精神性」(?)、超資本主義が心と体に強いる〝病い〟の実相を具《つぶさ》に見定めなくてはならない。

5　心と体は悲鳴を上げている

先ほども瞥見したように、超資本主義は、かくも多様となったメディア、文化産業を通して、心身に関する莫大な商品・イメージを、消費の欲望に対し撒き散らしている。ダイエット、フィットネス、エステ、コスメ、サプリメント……と、私たちは、テレビ、雑誌、インターネットを通して、高度に資本主義化された社会にふさわしく理想化され「モード」化されたきらびやかなイメージ・情報を大量に、日々、刻一刻、生産・消費している。私たちは、それら、辺りに明滅する無数のイメージ・情報から選択し(させられ)、編集し(させられ)、理想の、が仮初めの想像的表面が描く線に色に、自らの体を〝改装〟ないし〝改造〟していく。実存が本質に先立つ(サルトル)が如く、イメージが本体に先立つのだ。

こうして、日々、身体は、超資本主義的に〝表面〟化されていく。「スーパーフラット」化されていく。もはや「本体」を失った身体は、「ハイパーリアル」な表面に還元される。その、どこまでもきらびやかで、しかし薄っぺらな表面へ限りなく近接しようと、私たちは、ジムでバイクをこぎ、ダイエットし、さらには拒食症になったり、整形手術さえ施したりする。

「スーパーフラット」化、「ハイパーリアル」化は、体のみならず、心をも浸蝕している（ここで体と心を分けること自体、あまり意味をなさないが）。私たちは、今や、あらゆる情報機器・メディアに補綴《ほてつ》されている。視覚にはパソコンや携帯電話のスクリーン、聴覚にはポータブル・オーディオのイヤホン、味覚には数々のグルメ本・サイト、歩行・方向感覚にさえGPSによるナヴィゲーション・システムが始終貼り付き、世界についての私たちの感覚・認知を作り出す。その全感覚的で、限りなく同質的で薄っぺらな情報環境に、私たちの心は、ほぼ全面的に乗っ取られている。呪縛されている。私たちは皆、多かれ少なかれ、情報中毒者だ。単なる比喩ではない。私たちは、少なくとも意識が覚醒している間（あるいは意識を覚醒させるために？）、朝から晩まで、情報を摂取し続けずにはいられない。満員電車の中でも、歩きながらも、食事の最中でも、人によっては用を足している間も、情報を、目から耳から皮膚から摂取し続けている。私たちは情報ジャンキーだ。

でも、なぜ、私たちは、ここまで始終情報的に「スーパーフラット」化されることを欲するのか。もしかすると「孤独」を恐れるからではないか。「スーパーフラット」なスクリーンが断ち切れ、突如すべてが暗転し、孤独に取り残され、自分の中に広がる闇と直面することが、怖いからではないか。自分の内奥に不気味に蟠《わだかま》るエロスの沼に引きずり込まれるのが、何よりも恐ろしいからではないか。だからこそ、藁にも縋《すが》る思いで、始終、薄い情報たちに縋り付くのではないか。

そう、私たちの多くは、家庭でも学校でも、この心の闇、蟠るエロスに面と向かい、その本性を知り、自らの心身の健康のために、それを〝操る〟術を、教わらなかった。むしろ、それから絶えず目を逸らし、無きが如く、心の内奥に抑圧し続けるため、心理的対症療法、すなわち刹那的情報の注入を、マンガ、アニメ、ゲームなど、あるいは「受験勉強」という形で、被ってきたのではなかったか。

ただし、それは、あくまで対症療法の連続にすぎない。人生の或る瞬間、何か、意想外の出来事・力が、その薄くて脆い表面を、突然、破る、引き裂くこともあるだろう。その衝撃が、抑圧されていたエロスの蟠りまで届くとき、それを操る術を知らぬ本人は、エロスの突然の噴出に、ただ全身を貫かれ、乗っ取られ、〝獣〟と化し、気がついたときには、手から鮮血が滴り落ちているかもしれない。

あるいは、学校、職場、家庭などの人間関係で処理しきれぬ悩みを抱え込み、「社会生活」が送れなくなってしまい、非「社会」的な空間に「ひきこもら」ざるをえなくなり、やがては自らの孤独に直面せざるを得なくなる。しかし、彼（女）も、その孤独の内奥に蟠る不気味なエロスを〝操る〟術を知らぬがゆえに、そのカオティックな渦巻きに翻弄され、飲み込まれ、もがいてももがいても甲斐なく、蟻地獄のように吸い込まれていく。大量の抗鬱剤で化学的にエロスの力と意識の覚醒力を鈍化させるか、あるいはこの終わりなき陰惨な戦いに疲れ果て、それを無理矢理終わらせるため、大量の薬を飲み込むか、手首を切るしかなくなる。

心、そして体は、こうして、超資本主義により蝕まれていく。悲鳴を上げている。

6「精神のエコロジー」としての瞑想

地球のいたるところ、これら無数の悲鳴が、氷河の嘆き、森林の呻きと呼び交わし、人類の、地球の葬送曲を奏でている。超資本主義こそ、その作曲家にして指揮者。エコロジーは、だから、地球温暖化、クリーンエネルギーのみ論じていては片手落ちだ。最大の真価を発揮するには、三位一体のエコロジー、フェリックス・ガタリの云う「エコゾフィ」たらなくてはならない。「政治団体や行政機関は、この問題〔地球という惑星が被っているエコロジー的アンバランスと、それが引き起こす個人的かつ集団的な人間の生活様式の悪化〕が全体としてどのように重大な結果をもたらすことになるのか全く理解できていないようだ。ようやく最近になって、我々の社会の自然環境にどんな危険が迫っているか、その最も明白なものに関しては、部分的にせよ問題にするようになったが、総じて公害問題だけを、それも技術官僚的観点からのみ扱うことで満足している。ところが、この問題をそれ相応に明らかにしうるのは、唯一、私が「エコゾフィ」と呼ぶ倫理的-政治的思想・実践、すなわち環境、社会関係、人間の主観性といった三つのエコロジーの領域を連動させるような思想・実践のみなのである」[*9]（傍点筆者）。

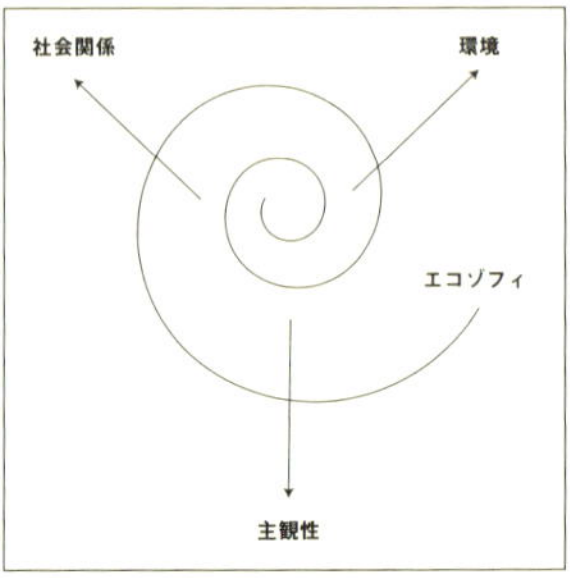

エコゾフィ

ガタリは、１９８９年にこう書き記した。が、彼の意に反して、エコロジー的状況は、事「主観性」

に関して、さしたる進展を遂げていないのではないか？　人々は、環境問題、社会問題についてますます雄弁になっているが、ほとんどは技術的、制度的議論に終始しがち。まさか、それに、キレる、ひきこもる若者たちの叫びが谺《こだま》しているとは、露ほども意識していないだろう。今何よりも「精神のエコロジー」が必要とされる所以だ。

「精神のエコロジー」とは、まずは「主体の、身体への関係、幻想《ファンタスム》への関係、過ぎゆく時間への関係、生と死の『神秘』への関係などを再-発明すること」であり、また「マスメディアやテレコミュニケーションによる画一化、流行の作り出す順応主義、広告や世論調査による世論の操作への解毒剤」となるような思想であり、実践である。*10 私たちの言葉で言えば、超資本主義による心身のスーパーフラット化に抗して精神性《スピリチュアリティ》をいかに変革・発明し直すか、という思想・実践だ。ガタリによれば、それは、心的事象をおしなべてオイディプス的三角形に還元してしまうような精神分析ではなく、むしろ前-オイディプス的な部分対象や部分主体の断片が欲動とともに流動する、「発生状態にある創造的主体性の震源」に接近しつつ、主体そのものを再-特異化するような精神療法的・芸術的な営為に他ならない。*11

　ガタリは、生前、ラ・ボルト精神病院などで「制度的精神療法」を実践しつつ、彼なりの精神のエコロジーを実現していた。*12 私は、その実践に、大いなる敬意を表しつつも、あえて問うてみたい。精神のエコロジーのためには、何よりも瞑想こそが、本質的知恵と技術をもたらすのではないか？　なぜなら、瞑想とは、少なくとも、ある種の東洋的精神探求において、何よりも「発生状態にある創造的主体性の震源」に到達するための知恵と技術、しかも、何千年と、無数の人々が開発してきた知恵と技術に他ならないのだから。

そう、瞑想こそ、超資本主義による心身の荒廃に抗するに、最も有効な精神のエコロジーなのではないか。なぜなら瞑想こそ、すぐれて〝脱執着〟の知恵と技術なのだから。

7 瞑想——脱執着の知恵・方法

資本主義——この、貨幣というきらびやかな記号に取り憑かれた無数の欲望たちが骨肉の争いを繰り広げるシステム。彼らは、紙幣の、株券の、コンピューター画面の向こう側で何やら観念的に煌めく〝何もの〟かに魅惑され、振り回され、それを死物狂いで少しでも多く手中に収めようと、昼夜しのぎを削る。彼らの心は、全面的に貨幣というこの〝何もの〟かの煌めきに〝執着〟しきっている。

が、実は、資本主義的心の執着は、貨幣記号だけにとどまらない。先述のように、資本主義は、20世紀に入り、元来の領域＝経済から大きく溢れ出し、社会・生活のあらゆるミクロな襞にまで蔓延っている。私たちの心も体も、多様なメディアや文化産業が撒き散らす「ハイパーリアル」で「スーパーフラット」な無数のイメージ・記号・情報に、取り憑かれ、執着し、疲れ果て、悲鳴を上げている。私たちは、超資本主義に執着し尽くした存在なのだ。私たちの「人間の条件」、それは、超資本主義への執着に他ならない。

瞑想は、何よりも、〝脱〟執着の知恵・方法である。人間が、自らを、「この世」に生きるために必要な〝条件〟づけから解き放つ、〝解脱〟する知恵・方法である。

ミルチャ・エリアーデは言う。「一世紀以上もの間、西洋の科学的および哲学的努力の大部分は人間存在を『条件づけている』諸々の因子の分析に向けられてきた。」ところが、「ウパニシャッド以後、インドは一つの重要な問題、すなわち人間を限定している条件の構造に深刻にかかわってきた」のであり、とりわけ「人間の『条件』（そしてその当然の結果であり、西洋においてはむしろ無視された、人間の『脱条件』）に関する問題」を中心に取り扱ってきたのである。[*13] しかも、「『自己を解放する』とは、存在の他の場面に進み入ること、つまり、人間を限定している条件を越える他の存在様態をわがものとすることに等しい。〔……〕のみならず、『自己の解放』はまた、必然的に或る神秘的な結果、すなわち存在の無限定な様態への再生を意味する。これが解脱、絶対的自由である」。[*14]

私たちが生き、そして生かされている「条件」、この膨大な縁起の網の大部分が、超資本主義なのだから、そしてその条件づけに私たちが苦しんでいるのだから、今こそ、この、おそらくは地球上、歴史上でも最も優れた脱執着、脱条件、解脱の技術・知恵である瞑想を、試さぬ手はないではないか。

8　人間という〝矛盾〟

（超）資本主義のモナド、私たちがかくも執着する「記号」。ところで、これは、いったい何なのか？

〝反 - 生命〟と言えないか。

生命とは自己創出を行うもの――「この点をめぐるぼくらの命題は、〈生物は絶えず自己を産出しつづけるということによって特徴づけられる〉というものだ。生物を定義する組織をオートポイエーシス〈自己創出〉組織という名前で呼ぶとき、僕らはそのようなプロセスのことをいっているのだ」*15。生命は、一瞬たりとも自己同一の状態ではいられない。それは時間の進行とともに絶えず〝他〟なる状態を求めて自己を差異化し、創出していく。その自己差異化・自己創出のエネルギーこそ、生命力、〝気〟、エロスである。そして、その〝力〟は、単に個体を鼓舞するだけではない。種をも励起させ、絶えず多様化、増殖させていく。

対して、記号とは、自己同一そのものではないか。「猫」は明日も来年も寸分違わず「猫」だ。それは、自己差異化・自己創出の海原＝生態系に差し挟まれた大いなる〝矛盾〟。なぜなら、記号＝自己同一を作り出したのは、他ならぬ生命体の一つ＝人間だから。

人間とは、この〝矛盾〟そのもの、自己差異化＝生命が自己同一＝非‐生命を生起させるという〝矛盾〟そのもの。人間はもともと反‐生命を内包している。〝死〟を内包している。その〝死〟としての記号が、近代以降、「資本主義」という形をとり、爆発的に繁殖した。癌細胞のように。（本稿は、この〝矛盾〟を逆手に取り、〝矛盾〟を縦断しつつ、あえて反‐生命＝記号のある種のふるまいにより、生命の湧出を掬い取ろうともがく逆説的試みともいえようか。）

超資本主義の「グローバリゼーション」とは、だから、この〝死〟＝記号の世界的で全般的な転移状態。私たち人類は、それに天文学的金額の「公的資金」などを注入し、さらに望みなき「延命治療」を施すべきだろうか？　そのために、何億人もの「貧しき」生命、そして地球の無数の生命を犠牲にしていいものだろうか？

9　汎瞑想へ

私たちは、今こそ、記号＝〝死〟への執着を、決定的に捨てるべきではないか？　手遅れにならぬためにも、今このときに、人間にエロスを、自己創出のエネルギーを回復すべきではないか？　その生命の〝気〟を回復させる知恵・技術こそ、瞑想に他ならない。

〝死＝反‐生命〟のグローバルな転移に抗するには、瞑想もまた何らかの形でグローバル化しなくてはならないだろう。

鈴木大拙は、今から半世紀以上も前に、すでに「世界禅」なるものを説いていた。

「実際のところ、基教に対する信仰がぐらつき出したのである。科学の圧迫、戦争の強迫、生活の不安定、思想の行づまり、その上に今までよりも世界が大きく広くなって来て、東洋文化、東洋思想の意味も、今までと違った心持で受取られるようになったのです、〔……〕白隠禅とのみいわずに、今からは世界禅を唱導しなくてはならぬと信ずる、それには世界的見地に立たなくてはなるまい、実地の修行の外に、思想がなくてはならぬ、これが貧弱ではいけない、基教だけでは、世界は救われぬ、これには、どうしても大乗仏教が急々如律令である」。[*16]
超資本主義のグローバル化が焦眉の急を告げる今こそ、新たに「世界禅」が、瞑想の世界化が緊要なのではないか。
しかしまた、超資本主義の〝死〟の転移は、マクロに地球規模に拡大するのみならず、個々人の生活のミクロな細胞を浸蝕している。故に、瞑想もまた、生活の営みの極細部、生きる一瞬一瞬に実践されなくてはならないだろう。自らの生を、惰性的に〝死〟の反復に委ねるのではなく、あたかも筆で「墨絵」を描くように、あるいは「閃電光、撃石火」の如く、一気に、燃やし尽くす。
「生命は『墨絵』である。ためらうことなく、知性を働かせることなく、ただ一度かぎりで描かねばならぬ。訂正することは許されないし、また不可能である。生命は油絵とは違う。〔……〕この矢のように過ぎゆき、繰返すことも、捉えることもできない生命の特質を、禅匠たちは稲妻、あるいは火打石の火花にたとえて、たくみに述べた、『閃電光、撃石火。』」。[*17]
今、何よりも、〝汎瞑想〟こそ求められている。

10　エコゾフィ、そしてエロゾフィ

汎瞑想は、墨絵の火花、稲妻の如く、自らの生の内奥へと、〝世界〟へと、閃きわたっていくだろう。「エコゾフィ」的に、超資本主義の〝死〟を、燃え立たせていくだろう。それは、超資本主義が汚辱した

環境・社会・主観性を浄化する白い炎だ。超資本主義がそれらから奪ったエロスの炎を、それらに返し与える実践だ。

サティシュ・クマールは、ガタリの「エコゾフィ」を変奏するように、ソイル（土）ソウル（心）ソサイエティ（社会）の「三位一体」の思想と行動を説く。「この、自然と社会と自己を育む三位一体は、私の思索の大いなる糧となった。以来、それは私の中に留まり、私の思想と行動の土台となるに至った。私はこの三位一体を「ソイル（土）、ソウル（心）、ソサイエティ（社会）」と名づけた。（中略）私が『エコロジーの時代』と呼ぶ時代において、『ソイル、ソウル、ソサイエティ』は、真に全体的な考え方を啓発することができる。それは、自然と人間と精神性を一つに結びつけることができるのだ」。[*18]

クマールは、インドの聖典『バガヴァッド・ギーター』から啓示を受けた。土を育てる「ヤグナ」、社会を育てる「ダーナ」、自己を育てる「タパス」の三位一体。「ヤグナを通じて私たちは、創造に際して与えた損害を償い、それを埋め合わせる。『失われた分を補うこと』がヤグナである。例えば、私たちは毎年大地を耕す。それにより、土壌の浸蝕や土壌中の養分の減少を引き起こすかもしれない。だから、土がその肥沃さを取り戻すように土壌に肥料を与えたり、一年間土地を休ませたりするとき、私たちは自然を育てている（ヤグナ）のである。（中略）第二の概念は、ダーナ（与えること）を通じて社会を育てることである。私たちは誕生した瞬間から社会によって育てられていることを、忘れてはならない。家族や共同体が私たちの面倒を見てくれる。教師たちは彼らの知識を私たちに与えてくれる。芸術や文化や科学は、過去と現在の世代からの集合的な贈り物である。代わりに私たちは、自分の才能、労働、知識を、社会に対する贈り物として返すのである。これがダーナである。その次ぎに来るのは自己を育てることである。断食、瞑想、学問、沈黙、休息や自然の中に身を置くことによって、私たちは自分の肉体と心を補給し活力を与える。このような自己に対する関心がタパスである」[*19]。

人間は、大地が与えてくれたエネルギー、生命なしには生きられない。太陽の光、空気、水、大地が育んだ様々な生き物たちを、浴び、吸い、飲み、喰らうことによってしか生きられない。自らが奪った、頂いた分の「お返し」をする、できればその分以上にお返しし、大地をより豊かにすること、それがヤグナ。

人間はまた、先人たち、膨大な数の先人たちが作り出し、与えてくれる文化・知・社会なしには生きられない。「人間」として生きられない。私たちは、それに「お返し」をしなくてはならない。働くこと――野菜を育て、糸を紡ぎ、家を建て、あるいは一編の詩を書き、一枚の絵を描くことによって、人類の大いなる仕事の流れへと、小さな流れを贈り届けなくてはならない。「私たちが仕事を行うのではなく、仕事は私たちを通じて流れ出す。〔中略〕それはまるで、たえず流れる川のようだ。支流の一つ一つが流れ込み大いなる川となる。私たちは時代と文化の大いなる川、人間性の川に流れ込む支流なのである」[*20]。それが、ダーナ。

私たちはまた、自分の体そして心が与えてくれるエネルギー、エロスの〝気〟なくしては生きられない。それを日々、補給する、返し与えることなくして生きられない。心と体を休め、癒す——十分な睡眠をとり、心を静め、適度な食事をとり、過度な消費に溺れないこと、それがタパス。「体が汗をかいて臭くなったときには、私たちは体を洗い清める。衣服が汚れたときには洗濯する。部屋が汚れたときは掃除をする。これらの習慣は私たちの外面的環境を浄化するが、内面的環境はどうだろう？　私たちは内面的環境を浄化する習慣を必要としている。私たちの心は有害な情報によって汚染されてしまう。新聞やテレビは私たちの心をかき乱す。自我や自尊心によって私たちの意識は汚れる。欲望や苦悩が私たちの魂を汚染する。私たちは、タパス（自分に栄養を与えること）を必要としている」。[*21]

ヤグナ／ダーナ／タパス。あるいはクマールの説くソイル／ソウル／ソサイエティの三位一体。これは「私たちの時代の一大事業」。[*22]　大地への、社会への、自分への「お返し」。瞑想こそ、究極の「お返し」ではないか。瞑想とは、何よりも、自分を〝与える〟こと、自分へと、大地へと、社会へと、自分を全面的に明け渡し、その大いなる流れへと合流・合一することではないか。自らを限りなく空しくし、その〝空〟を大地へと、社会へと、自己の内なるエロスへと贈り、捧げることではないか。〝エクスタシー〟としての瞑想。脱自かつ悦楽としての瞑想。ゆえに、「エコゾフィ」は、〝エロゾフィ〟でもある。エコかつエロゾフィとしての瞑想、art of living。

超資本主義的 art of living——そんなものがあるとしたら——は逆だ。その art は、地球、他者、そして自分の心と体の生命、エロスのエネルギーを奪い尽くし（自らのシステムを生き延びさせる最低限のそれらしか返さず）、自らの癌細胞＝記号の〝死〟を限りなく繁殖させ、その禁欲的所有に倒錯的な快楽を覚えさせる。超資本主義のダンス・マカーブル（死の舞踏）。その死神たちの狂宴を、いいかげん終わらせるべきではないか。人類は、自滅的文明の代わりに、〝もう一つの〟文明を選ぶべきではないか。瞑想こそ、瞑想が開く新たな art of living こそ、その人類史的選択の何よりも有効な手段＝技ではないか。

一人一人の実践・思想こそが、やがては、〝もう一つの〟人類の流れを作り出していくことだろう。

本論は、それに注ぐ、一本のせせらぎでありたい。

【註】

1 東浩紀『動物化するポストモダン』、講談社、２００１年。

2 この〝悪〟の諸相に関しては、ジャン・ボードリヤール『透きとおった悪』（塚原史訳、紀伊國屋書店、１９９１年）を参照されたい。

3 ジャック・アタリ『21世紀の歴史』、林昌宏訳、作品社、２００８年、14ページ。

4 同書、14ページ。

5 同書、２９０ページ。

6 同書、２９４‐３０２ページ。

7 同書、３０３ページ。

8　同書、303ページ。

9　Félix Guattari, op.cit., pp.12-13.（拙訳。以下同様）

10　Ibid., pp.22-23.

11　Ibid., p.54.

12　例えば、ニコラ・フィリベール監督のドキュメンタリー映画『すべての些細な事柄』（ユーロスペース、1996年）で、私たちはその療法の現場を見ることができる。

13　ミルチャ・エリアーデ『ヨーガ1』（エリアーデ著作集第9巻）、立川武蔵訳、せりか書房、1993年、11-12ページ。

14　同書、24-25ページ。

15　ウンベルト・マトゥラーナ、フランシスコ・バレーラ『知恵の樹』、管啓次郎訳、筑摩書房、1997年、51ページ。

16　鈴木大拙『新編　東洋的な見方』、上田閑照編、岩波書店、1997年、306-307ページ。

17　鈴木大拙『禅』、工藤澄子訳、筑摩書房、1987年、158-159ページ。

18　サティシュ・クマール『君あり、故に我あり』、尾関修・尾関沢人訳、講談社、2005年、134ページ。

19　同書、133ページ。

20　同書、140ページ。

21　同書、142-143ページ。

22　同書、147ページ。

第2章　ヴィパッサナー瞑想

1　マラルメの〈虚無〉、そして「相似禅」

瞑想と私。関係は、おそらく、学生時代に耽溺した文学、なかんずくフランス19世紀、文学史的には「象徴派」に分類される詩人ステファヌ・マラルメの〈虚無〉を追体験したことに遡るだろう。個人的体験だが、私が瞑想と結ぶ関係の実存的深みと苦悩を知っていただくためにも、あえて記す次第である。

「が、不幸にも、詩句をここまで深く掘り下げて来て、僕は二つの深淵に遭遇し、これらが僕を絶望させた。その一つが〈無〉で、僕は〈仏教〉も知らずに、そこに到達した。〔中略〕そうだとも、僕にはわかっている、われわれが物質の空しい形態でしかない、ということは。——しかし、〈神〉とわれわれの魂とを創り出したところをみると、これは実に卓絶した形態なのだ。友よ、これはほんとうに卓絶した形態だから、物質の演じるこの劇を、僕は僕自身に上演してみせたいと思っている。自分が物質であることを意識しつつ、しかも一方、夢中になって、自分でもそれが存在しないことを承知しているはずの当の〈夢〉の中にとび込んで、〈魂〉と、太古の昔からわれわれの内部に蓄積されてきた同じく神々しい諸々の印象とをうたうという、つまり、これこそが真である〈虚無〉の前で、これらの栄光にみちた虚妄を声高らかに宣言するという、物質の演じるあの劇をなのだ！〔中略〕ただしそれは、僕が十分に長生きできたとしてのことだ。なぜなら、僕の見出したもう一つの空洞というのは肺の空洞だからだ。ほんとうに僕は、あまり加減がよくないし、楽々とゆっくり息をすることもできない」[*1]。

マラルメは、20歳代に、詩を、言語を、深く掘り下げすぎたあまり、こうして、精神と身体の「深淵」に遭遇し、永遠なる〈虚無〉に住まい、蝕まれながら、なお詩の、美の可能性を探求していた。それは、やがて、宇宙全体を要約する大文字の〈著作 l'OEuvre〉ないし〈書物 le Livre〉という狂気じみたヴィジョンに結晶していく。「僕は恐ろしい一ヵ年を過ごしたところだ。僕の〈思想〉は自分自身を思考し、そして、一つの〈純粋概念〉に到達した。この、長きにわたった死に際の苦しみの間に、僕の存在がその跳ね返りとして蒙ったすべてのことについては、これを語り尽くすことはできぬが、しかし幸いなことに、僕は完全に死んでしまった。〔中略〕僕にはまだ、思考するためにこの鏡に映っている自分を見つめる必要があるのだ。もし鏡が、この手紙を書いている机の前になかったならば、僕は又々〈虚無〉となってしまうかもしれない。これはつまり、今や僕は非個人的である、従って、もはや君の識っていたステファヌではない、――そうではなくて、かつて僕であったものを通して、自己を見、自己を展開させて行く、〈精神の宇宙〉が所有する一つの能力である、と君に知らせることでもある。僕の地上における現われが甚だ脆弱であるので、僕は、〈宇宙〉がこの僕の中に、己れの自己証明を見出すために絶対に必

C'ÉTAIT
LE NOMBRE
EXISTÂT-IL
COMMENÇÂT-IL ET CESSÂT-IL
SE CHIFFRÂT-IL
ILLUMINÂT-IL
CE SERAIT
LE HASARD

ステファヌ・マラルメ『骰子一擲』

要な展開にしか、堪えることができない。だから僕は、〈総合〉の時にあたって、こうした展開の、目に見える形あるものともなるべき著作の範囲を確定したところなのだ」。[*2]

若かりし私もまた、この〈虚無〉、この〈書物〉のヴィジョンを追体験せんと、自室の雨戸を閉め切り、ひたすら自らを闇に浸しきり、自らの〈死〉の中に、宇宙が自己展開するにまかせていた。

半年も続いたろうか。

ある日、閉め切った〈虚無〉から、外に出て、陽光降り注ぐ道を歩いたとき、世界は、文字通り〝きらめいて〟いた。すべてのものが、きらきら微笑んでいた。そんな日々が、以後数ヶ月、続いたろうか。

あれほど、到底乗り越ええないほど、大きく口を開けていた、自分と世界との隔たりが、一気に霧消し、私はじかに世界に触れ、世界はじかに私に触れていた。いや、私が世界に、そして世界が私になっていた。

私は、全くもって、安らかだった。静かに微笑んでいるだけだった。それに世界が微笑み返してくるだけだった。

「ニルヴァーナ」とは、こんなことだろうかと、漠然と思った。当時、仏教に関する知識がほとんどなかったため、それ以上わからなかった。

本当にそうだったかどうか、今となっては知る由もない。だが、以降、それは、自分の中で〝絶対的〟な経験として残ってしまい、さらには〝神話化〟されてしまい、体験としての真偽は記憶の彼方に消え失せてしまった。

〝きらめき〟だけが、絶対的なきらめきの印象だけが取り憑いてしまった。

その後の人生の波乱により、〝絶対的〟であったかもしれぬ境地を速やかに失い、しかし、その後も行わざるを得なかった学問的営みゆえに、再三再四、その境地へともう一度至り着こうとするも、決して果たせず、いたずらに〝似て〟はいるが、絶対に違う疑似体験だけが、己のうちに積み重なっていくばかり。〝神話化〟は、ますます強固となり、〝きらめき〟の、もはや真偽も定かでない〝残像〟に、苛まれつづける。

それは、真に、ある禅者の言う学者の「相似禅」の如き状況であった。

「意根は坐断されずにダマクラカされてフラフラとなり、学人は一種の法眼（?）を開くが、フラフラの意根はまたイキをふき返すので、本来死んでいない。しかるにその一種の相似見性のムードだけは残っているので、それを思い出してはその後の公案を〝透過〟する。こうしていつまで経っても、そのムードにしがみついている。〔……〕かれらのいう『境界《きょうがい》』とは、そんな意味だと思うナ。相似禅は意根をアザムク坐からでる」。[*3]

そんな「相似禅」を、十何年も繰り返していたある日、井上ウィマラという人のホームページに出会った。これだ、と思った。「ヴィパッサナー」という瞑想の長年の修行の体験が綴られていた。個人的な懊悩も綴られていた。嘘がなかった。裸だった。底知れぬほど深い精神的体験が、一縷の「宗教性」もなく、語られていた。驚愕した。なぜか、生年月日が同じだった。

同僚が共通の知り合いだったので、紹介してもらった。早速メールを送った。「相似禅」を巡る長年の苦悩を率直に伝えた。会ってくれることになった。山梨まで出かけていった。悩みを聴いてくれた。彼も、個人的な経験を断片的に語ってくれた。国内外で、本格的に坐れる、「相似禅」から脱しうるかもしれぬ道場、僧院、コミュニティなどの名前を教えてくれた。

その後、彼を、紹介してくれた同僚とともに、大学に招き、共同で授業をすることになった。[*4] ヴィパッサナー瞑想の「10日間コース」に行くことに決めた。勇気が要った。でも、これしか、脱出口がないと思った。必死だった。

2　10日間コース

ヴィパッサナー瞑想とは、インドにおける最古の瞑想法の一つで、仏陀がそれにより最終的な悟りを開いたとされる瞑想法である。[*5]「ヴィパッサナー」とは、「物事をあるがままに見る」という意味で、呼吸に集中することにより、心身からあらゆる妄念・執着・習慣的反応を捨て去り、心身を「空」化させ、涅槃の境地に至りつくための瞑想法。しかし、その後、インドでは廃れたが、ビルマ（ミャンマー）で伝承され、近年、現在の中心的指導者であるゴエンカ氏により再びインドを拠点として世界に広められている。その瞑想センターは、アジアのみならず欧米諸国にまで多く存在し、現在１１０以上のセンターを数える。日本では、京都府丹波町と千葉県睦沢町にある（日本ヴィパッサナー瞑想センター「ダンマバーヌ」「ダンマーディッチャ」）。仏陀が悟りを開いた瞑想法でありながら、無宗派・無宗教。宗教の有無・如何、また国籍・ジェンダーなどの如何を問わず、誰でも参加可能。運営も、参加者たちの自発的な寄付によってのみ行われている。また、この瞑想法は、単に個人の解脱のみに閉じられたものではなく、現在の社会・世界情勢の只中でいかに多くの人々の平和と幸福をもたらしうるかに腐心している。例えば、刑務所にセンターを開設したり、あるいは教育、麻薬中毒、行政、ビジネスの現場などに果敢にかかわっている。ヴィパッサナー瞑想の最終目的は、単に精神的な探求の深まりにあるだけではなく、社会的・歴史的現実の中でいかに自らの art of living（生きる技）を探求するかにある。

この瞑想の基礎は、通常「10日間コース」と呼ばれているプログラムに参加することによって習得される。参加者は、瞑想センターに赴くと、情報・記号に関するあらゆる持物（携帯、本、手帳、金銭など）を預けなくてはならない。（緊急事態を除き）外部との接触を絶たれ、コースの終了するまで参加者間の沈黙（ただし指導者、アシスタントとの会話は必要時のみ可）、五つの道徳律（生き物を殺さない、盗みを働かない、嘘をつかない、性的行動を行わない、アルコールや薬物の摂取をしない）を守らなくてはならない。毎日、朝4時に起き、夜9時に寝るまでの間、休憩・食事を挟みながら、計10時間以上の瞑想を行なう。瞑想は、最初の3日間、鼻孔からの呼吸にひたすら集中し、雑念を取り去るアーナパーナ瞑想、その後は、全身の感覚に意識と呼吸を行き渡らせながら、長年の執着や習慣的反応を解除し、心の完全な静まりを通して、すべての事象の無常を知るヴィパッサナー瞑想、そして、最後の半日は、自らの浄化された心を、世界の他者たちへとあまねく注ぎ、その解放と幸福を願うメッター瞑想。

　この三段階の瞑想を修得したのち、参加者間の沈黙が解かれ、再び日常生活に戻る準備をしたあと、11日目の朝、コースが終了する。

ダンマバーヌ

S. N. ゴエンカ

3 教義

ゴエンカ氏によると、ヴィパッサナーは、何よりもダンマ（ダルマ）（自然の法・真理）を体験することにある。[*6] そのダンマの正しい実践こそ、「人生の技法」art of living であるという。

ダンマを体験するには、「聖なる八つの道」（八正道）を実現しなくてはならない。それには三つの段階があり、それぞれシーラ（道徳――言葉と身体の行為の清らかさ）、サマーディ（精神集中――自分の心のコントロール）、パンニャー（知恵――心を浄化する深い洞察力）と呼ばれる。そのそれぞれが、いくつかの「聖なる道」によって構成されている。シーラは「正しい言葉」「正しい行為」「正しい生活」によって成る。「正しい言葉」とは、不純な言葉を発しないこと、すなわち嘘をついたり、陰口や中傷をしたり、無意味なおしゃべりをしないことをさす。「正しい行為」とは、不純な行為、すなわち生き物を殺す、盗む、強姦・不貞などの性的な過ちを犯す、泥酔して暴挙を働く、ことをしないこと、である。「正しい生活」とは、これら「正しい言葉」と「正しい行為」を日常生活で実践すること、すなわち「五戒」を守ることを意味する。一、生き物を殺さない。二、盗みをしない。三、性的な過ちを犯さない。四、嘘をつかない。五、酒類をとらない。出家者など、ダンマの修行を特に志す者は（「10日間コース」もこれに倣う）、これに三つの戒めを加えた「八戒」を守ることになる。六、決められた時間以外に食事をしない（正午以降食事をしない）。七、官能的な楽しみごとを慎み飾り物を身につけない。八、豪華なベッドを使わない。

サマーディは、「正しい努力」「正しい気づき」「正しい精神集中」の三つの道より成る。これを実現するのが、アーナパーナ瞑想法だ。アーナパーナを始めるとすぐわかることだが、呼吸に集中しようと思っても忽ち雑念や妄念や夢が沸き起こり、心はあらぬ方へと逸らされていく。はっとして、また呼吸への集中に戻るが、またしばらくすると、ふらふらと心はさ迷い出ている。そしてまた慌てて呼吸に戻る。こうした雑念・妄念・夢・眠気と精神集中の格闘がアーナパーナの現場である。したがってそこでは、たゆまぬ努力と忍耐が必要とされる訳である（「正しい努力」）。アーナパーナは、鼻の中、あるいは鼻の下と上唇との間の小さい△を行き交う呼吸の流れに、絶えず一瞬一瞬気づく瞑想法である。それは何よりも「いま・ここ」の現実に気づき続ける瞑想法である（「正しい気づき」）。アーナパーナでは、精神集中を深めるために、この「いま・ここ」の呼吸への気づきをできるだけ長引かせることが要求される。最初は、数秒しかもたなかった集中も、訓練していくと20分〜30分、場合によっては一時間以上続くようになる。そうして集中が深まると、心身はいたって平静となり、代謝作用も低下し、呼吸や心臓の鼓動も非常にゆっくりになってくる。そうすると、目を閉じているのに変な光が見えたり、幻覚に襲われたりすること（超常感覚）がある。こうしたトランス状態に溺れることなく、あくまで呼吸の「いま・ここ」の現実に集中することが重要だ（「正しい精神集中」）。

残りの二つの道が「正しい考え」と「正しい理解」である。それを実現するのが、ヴィパッサナーに他ならない。アーナパーナを通じて、呼吸に集中することにより徐々に妄念や夢が消えていき、思考が変質し、心が安定し、ダンマを受け入れやすい精神状態となっていく（「正しい考え」）。知恵（パンニャー）には三種類ある。「借りた知恵」「頭で考えた知恵」「体験した知恵」である。第一の知恵は、読書や講話を聞いて、他人から借りた知恵である。第二の知恵は、たとえばある教義や思想について読んだり聞いたりしたあと、自分自身でそれが理論的に正しいかどうか、実践的かどうかなど、頭で吟味する知恵である。しかし、これは、あくまで頭の中だけで展開している知恵であり、ほとんどの学問はこれにとどまる。第三の知恵こそ、自らの生の中で、生の刻々の実現として体験・体得した知恵である。これこそ、ヴィパッサナーが探究する知恵だ。それでは、その知恵は、ヴィパッサナーによってどのようにもたらされるのか？

仏陀によると、人間を含めすべての生きとし生けるものの生は、カンマ（カルマ）＝因果の法則によって縛られつつ実現されるという。「生きるものはみな、おのれが行為のたくわえを持ち、その行為を受け継ぎ、その行為から生まれ、その行為にしばられる。行為はよりどころである。行為が卑しければ生きざまが卑しくなり、行為がりっぱなら生きざまもりっぱになる」。[*7] 一人の人間が苦を味わうのは、その人がカンマによって苦に条件づけられているからこそだという。苦への条件づけはどのように為されるのか。人間が生きているかぎり、絶えず感覚器官への入力（「感覚」）がある。そして、その中で、特定の入力に関し、快・不快という「反応」（サンカーラ）を起こす。その感覚が快いものならば、それを長引かせようとしあるいは繰り返し経験したいという気持ち＝「渇望」を生じさせる。また不快ならば、それを直ちに取り除き、その感覚が再び襲いそうになると拒絶反応を起こす（「嫌悪」）。こうして人間は、絶えず快いものを渇望し、不快なものを嫌悪し、その渇望と嫌悪の累積＝「執着」によって条件づけられながら、生きている。渇望が満たされないかぎり、心は苛まれ、苦しくなる。逆に、嫌悪しているものにどうしても関わらざるを得ないとき、拒絶が実現されるまで心は苦悶する。

従って、あらゆる苦は、反応（渇望・嫌悪）から生じる。

あらゆる苦は
反応より生じる。
反応が止滅すれば、
苦も止滅する。*8

苦の止滅による真の幸福の成就を目指すヴィパッサナーは、だから、反応の止滅を実現する瞑想法である。自らの反応に「無知」であることにより、絶えず渇望と嫌悪に苛まれている心の状況に「気づき」、渇望の元、嫌悪の元が入力＝感覚されても、反応しない心の平静さを獲得すること。具体的には、シーラを実践しつつ、性や食や酒への渇望に反応しない訓練をし、またサマーディとパンニャーを実践しつつ、坐ることによる痛み、暑さ・寒さなどの不快感などへの嫌悪に反応しない心の冷静さを鍛え上げる。それには何よりも、その反応が起こるたび、それをありのままに見つめること。ありのまま見つめつづけていると、やがてはどんなに執拗な反応・執着であっても、消滅していく。

すべてのサンカーラは無常である。
この真理をさとったなら、
苦から脱却できる。
これが心の浄化の道である。[*9]

ヴィパッサナーを深めていくと、10日間コースであっても、心の完璧な平静さ、静止状態に至りつくことがある。そのとき、すべての反応を含め、身体全体が光の微粒子（カラーパ）の大きな流れのように感じられてくる。完璧に静止している心以外のすべてが微細な粒子となって生滅している。これこそまさに、無常（アニッチャ）であり、無我（アナッター）であろう。

しかし、とヴィパッサナーは言う。

全世界が燃え立ち、
全世界が煙となる。
全世界が炎をあげ、
全世界が震えている。[*10]

全身＝全世界が光の高速な微粒子となって燃え立つ、この快感・至福にも溺れてはならない、とヴィパッサナーは言う。それへの渇望すら捨てた先に初めてニッバーナ〔ニルバーナ〕の究極の真理が開けてくるという。

物の世界を超え、心の世界を超え、この世でもあの世でもその両方でもない、月でも太陽でもない、そんな世界が体験できる。生まれることも、消えることも、とどまることも、死ぬことも、生まれ変わることもない。支えもなく、発展もなく、基盤もない。これが苦の終焉である。[*11]

何も生まれない、何も死なない世界。ヴィパッサナーは、このニッバーナの世界を開く瞑想法である。別に仏陀に限らず、これまで述べた作法に則り実践していけば、誰もが至りつける可能性を有する瞑想法である。

4　アーナパーナ瞑想の実際

瞑想時間の開始の銅鑼の音とともに、瞑想ホールに集まる。指定された自分の場所＝薄いクッションの上に坐る。必要ならば、坐るための補助として、さらにクッション、座布団、小さい坐椅子、通常の椅子なども用意されている。少なくともこの点が、禅宗の座禅と違うところで、ヴィパッサナーは、瞑想者が一番坐りやすいと感じる坐り方＝精神を最も集中させやすい坐り方を受け入れる。ただし、前方に脚を投げ出したりすることは、その方向にいる瞑想の指導者に失礼にあたるので許されない。それ以外なら大概の坐り方が許される。場合によっては、瞑想時間の最中ですら、眠気を振り払うため数分間その場で立っていることも許容される。だから、往々にして両脚を開く坐り方が骨格上苦手な欧米の白人系の男性たちも、余計なプレッシャーを感じることなく参加できる。（実際、多くの――欧米系に限らず――外国人が参加している）。私は、通称「楽坐」と呼ばれる坐り方をする。片方の足の踵を恥骨の前に入れ込むようにして、もう片方の足の踵をその足の足首の前辺りに持ってきて両膝を開く坐り方だ。周りを見回しても、実に様々な坐り方をしている。クッションの使い方など、各々実に（事によっては痛々しいほど滑稽に）工夫していて、自分の小世界を作っている。

坐り方を決めたら、目を閉じる。半眼にする方法もあるようだが、ゴエンカ氏の方法では目を閉じる。身体内の微細な感覚をより捉えやすくするためのようだ。目を閉じた視線（というのも変だが）は、鼻の先半間あたりを見つめるようにする。そして、呼吸を感じとっていく。最初の2日間は、鼻の穴を下辺とした鼻の内部の三角形の空間を通る呼気に集中する。その後の1日半は、より精神の集中度を高めるため、鼻の穴の出口（両穴の間）を頂点とし上唇の上方の淵を下辺としたより小さな三角形の上を通る呼気に集中する。

瞑想の具体的な仕方は、ホールの前方中央に坐す「指導者」――ゴエンカ氏本人の代わりにゴエンカ氏本人が指名する――が流すゴエンカ氏のインストラクションの録音テープによって指示される。しかし、後のヴィパッサナー瞑想は段階的に具体的に瞑想の仕方を徐々に変化させていくが、アーナパーナ瞑想は、前述のように、集中する場所を狭めるだけで、基本的には、鼻の内部の空間あるいは外部の下唇までの空間を通る呼吸の流れをひたすら見つめるだけという瞑想法だ。だから、通常の慌しい世界からやってくる人間たちにとっては、かなり「単調な」瞑想法にみえる。当然、様々な雑念・妄念が浮かぶ。あるいは眠気に襲われ、意識が朦朧としたり、夢を見たりする。最初の頃は、そうしたものに気が逸らされず、呼吸そのものに集中できているのはせいぜい5～10秒程度だろう。すぐに、あらぬ雑念・妄念・夢に意識が覆われてしまう。そうしたものと格闘しながら、それでも1日たち2日たちした頃には（もちろん個人差もあるだろうが）どうにかこうにか1分から数分くらいは呼吸だけに集中できるようになる。私の場合、たぶん3日目の途中くらいから、数十分全く雑念が浮かばず、呼吸の在り様だけに集中できるようになった。

ところで、こうした雑念・妄念・夢は、ゴエンカ氏によると、意識あるいは潜在意識・無意識に眠る様々な苦（渇望や嫌悪）から生じるとのことだ。単に空腹から食べ物のことを想像したりすることから、深い無意識に押し込められ、本人にも自覚されていない記憶が「夢」という形に変形されて蘇ったりする。

正直にいって、アーナパーナ瞑想は「単調」だ。これでもかと押し寄せる雑念や夢との格闘に辟易し疲労困憊する。だから、私なりに、この単調さを〝変奏〟すべく、集中する範囲の内部を勝手に分割してみたり（例えば、小さい△をさらに小さく分割してみたり）、あるいは呼吸を感じるときにただ漠然と「感じる」のではなく、五感それぞれに分けて感じとってみて、つまり△を「観たり」「聴いたり」「触ったり」「味わったり」「嗅いだり」して、それらの違いを堪能したりした。

いずれにしても、少なくとも3日目の途中くらいからは、初日には雑念や夢で埋め尽くされていた△が、晴れ渡り、自分のかすかな呼吸がまるで草原を渡る風のようにすら感じられた。生やしている短い髭は、まるで風になびく草々のようだった。

通常の感覚では到底小宇宙などといえない、鼻の下の小さな△の部分が、これほどまでに豊かに繊細に感じられるとは、正直予想もしなかった。皮膚の表面とその内部が微妙に粟立ち、それを血流のかすかな脈動が波立たせて、呼気が風のように渡っていく。そこに、遠くでさえずる鳥たちの声やら鳴く虫たちの声やらが映じ、溶けいっていく。まさに、ミクロコスモスとマクロコスモスの照応。

5　ヴィパッサナー瞑想の実際

まず、アーナパーナ瞑想でしばし、心を調え、集中力を高める。おもむろに、意識を頭頂の直径2～3センチの空間（ヨガでいうサハスラーラ・チャクラ）にもっていく。その狭い空間のあらゆる微細な感覚を感じとる。その上方に鋭く尖った意識を、下に広く溶かし込むようにして、頭蓋の表面を覆い包むように感じとっていく。その球形にさざめく意識を、今度は、前方、顔の表面に収斂させる。顔全体、あるいは、おでこ、眉、眼球……と、部分部分繊細に感じとっていく。こうした体の表面の微妙な感じとりを、順番に部位ごとに行なっていく。顔の次は、喉、片方の肩、上膊、肘、下膊、手首、甲、掌、指、そこからもう片方の肩に跳び、同様のことを行い、すんだら、今度は、トルソの表の面、すなわち胸、腹、そして、裏面、すなわち背中の上部、下部、尻と進み、次に両方の脚を、腕と同じ要領で指まで進む。そのように、頭頂から足先まで進んでいく過程で必ず滑らかに感覚が感じとれない部分がある。そういう場合、そこでしばらく留まり、その鈍重な感じや不快な感じに嫌悪を抱かず、ありのままに見つめる。そうすると、少しずつその重苦しい感覚が溶け出していく。こうした頭頂から足先までの探索（優に一時間くらいかかる）を続ける。それをある程度スムーズにできるようになったら、今度は、左右の腕と脚を順番に感じるのではなく、左右同時に、付け根から指先まで感じとれるようにする。次には、頭頂から足先という方向だけではなく、逆方向、足先から頭頂へも、ちょうどプロセスを逆に辿るように行っていく。その上から下へ、下から上への過程で、鈍重なあるいは不快な部分があるたび、そこにしばらく留まり、前述のようにそれをありのままに見つめる。次第にそうした部分が消えていき、意識は身体の表面をちょうど刷毛か何かで掃くように滑らかに流れていくようになる。その滑らかな流れの範囲も部分から徐々に広がっていき、やがて全身の表面が一気に一つの流れとして感じられるようになる。そうしたら今度は、身体の表面だけでなく、内部の探索に移る。要領は表面のときと同じだが、例えば頭に関して言えば、頭頂に突出した意識を、頭蓋の表面ではなく、頭蓋の内部、すなわち脳の中に溶かし込むようにする。そして、しばらくの後、その意識を顔の（表面ではなく）内側の表面とでも言うべき空間に収斂させる。意識は内側から、おでこ、眉、眼球と辿っていき、様々な微細な蠢《うごめ》きを感じとる。この時、不思議なのは、特に眼球だ。瞼は閉じているので、通常の意味では、目は見えていない。しかし、実際は、〝内なる目〟が、眼球を見ている。通常の意味で「見ている」かどうかわからないが、少なくとも感じとっている。しかも、意識が鋭くなればなるほど、眼（球）の在り様は手にとるように〝見えて〟くる。輪郭はもちろんながら、微妙な血流の脈動まで見えてくる。この時いったい、〝何を〟見ているのか？　そして、いったい、〝何が〟見ているのか？　いたって不可思議な認知的体験だ。

こうして頭頂から足先へ、そして足先から頭頂へと、身体の内部をくまなく探索していく。その途次でもやはり、凝り固まったような不快な部分があれば、しばらくそこに立ち止まりその在り様をありのままに見つめる。そうして、徐々に不快な部分が消え去っていくと、身体全体が、内側から、一つの大きな流れのように感じられてくる。頭頂から足先へ、あるいは足先から頭頂へ、一息で、遍く、微細な感覚を保持したまま、緩やかな滝のように、あるいはその逆流の立ち昇りのように、身体全体が明滅する微粒子の流動そのものとなる。だが、とゴエンカ氏は言う、その精妙なる愉楽に溺れてはならない。あくまで、心を平静に、完璧に平静に保ち、事態をありのままに見つめなくてはならない。ヴィパッサナーとは、そもそも原義からいって「ありのままに見つめる」という意味なのだから。

こうした一連のプロセスを、10日間コースでは、3日半のアーナパーナ瞑想の後、6日半に渡って行なう。ゴエンカ氏自身のインストラクションはこのように進んでいくが、実際に全身が一つの大きな微細な流れに感じとれるようになるかどうかは、特に初めての参加者の場合、かなり個人差があるようだ。また、同じ個人であっても、今の瞑想がうまくいったからといって、次の瞑想が同じようにあるいはよりよく行くとは限らない。後退することだってある(ヴィパッサナー的には、あくまでありのままに見つめるのだから、「後退」ではないだろうが)。そのときの集中力、忍耐力、コンディション次第だ。

6　利点と問題点

まず、ヴィパッサナーの利点。

(1)それは、すぐれて「脱条件」(エリアーデ)の瞑想法である。「反応」という感覚の条件づけすべてから脱する方法である。

「渇望」で言えば、私の場合、初めてのコース参加の前に特に恐れていた食・酒へのそれ（夕食がないこと、ほぼ毎日晩酌するのにできないこと）は、「修行」という非日常的に聖別された場に身を置いているためか、自分を苛むことはほとんどなかった。むしろ、次元の全くちがう渇望、すなわち瞑想自体が自らの内に開く一種のエクスタシーの感覚への渇望に、時として悩まされた。上述のように、瞑想の果てに、心が完璧に静止する瞬間が訪れる。爾後、その完全な〝止〟の持続の中に、逆に心以外のあらゆるものが（先ほどの言い方を借りれば）「光の微粒子（カラーパ）」となって、きらめき、流れ、渦巻き、燃え立ち、散り敷き、無数の夜光虫の描く曼荼羅の如き世界に浸される。時として、それは、強烈な蠱惑を発し、エクスタシーへの没入へと誘い込む。ひとたび、そのエクスタシーの至福を味わうや、それをまたもや堪能したくなり、「渇望」が再燃してしまう。この、あらゆる「渇望」を滅却したはずの瞑想そのものが、自らの内に生み出してしまう逆説的渇望。それすら、先述のように、滅却せよ、とヴィパッサナーは言う。その先にしか、ニッバーナの世界は開けないと言う。「ありのままに見つめる」、それがヴィパッサナーだ。

「嫌悪」に関しては、暑さ寒さよりも、体の痛みにとことん苛まれた。長時間坐りつづけることそのものが引き起こす苦痛だ。普段から骨盤がずれていることによる右脚の付け根の鈍痛、それが何時間も何時間も同じ姿勢で坐り続けていると、堪え難いほど嵩じてくる。それと相関的に、あるときは右肩、あるときは腰全体がひどく痛んだ。

しかし、ヴィパッサナー瞑想の3日目に、右脚の付け根の〝痛み〟そのものを見つめ、冷静に感じ取りながら、呼吸でその部分を〝開く〟ようにしていくと、不思議なことに痛みは徐々に薄らいでいき、ついには（同じ姿勢をとり続けている限り）痛みをほとんど感じなくなるところまでいった。そして、9日目のあるときには、あれほど痛んでいた腰全体が、暖かく優しく包み込まれ、まるで温泉のような至福に浸り切っているほど変化したのには、非常に驚いた。

極度の苦痛さえ、「ありのまま見つめ」続けていると、やがては消滅していくこと、しかも、温泉に浸るが如き愉楽をもたらすこと、その人生初めての経験に心底驚いた。が、その「愉楽」さえ、「ありのままに見つめ」るようヴィパッサナーは言う。

こうして、瞑想の深まりとともに、様々な「反応」が徐々に止滅していき、「脱条件」化されていく心身はやがて「存在の無限定な様態への再生」（エリアーデ）へと開かれていく。それは、「光の微粒子」のエクスタシーすら超えた「物の世界を超え、心の世界を超え、この世でもあの世でもその両方でもない、月でも太陽でもない、そんな世界（中略）、生まれることも、消えることも、とどまることも、死ぬことも、生まれ変わることもない」そんな世界。それが果たして「ニッバーナ」の世界かどうか私にはわからないが、摩訶不思議なことに、その何も「生まれることも、死ぬこともない」世界自体が、あたかも宇宙が次元を変えていくかのように、新たな次元へと転成していく。この脱条件の極み、脱条件そのものの自乗とも言える事態、それこそ「ニッバーナ」への道だろうか。

(2)また、「脱条件」ということで言えば、現代に生きる多くの人間は、（第1章で見たように）感覚的な「反応」によっての条件づけもさることながら、「記号」的「情報」的〝構造〟（構造主義的意味で）によって大いに条件づけられている。「記号」的「情報」的条件づけに対しても、ヴィパッサナーはいたって有効な瞑想法と言える。まずは、外的条件というか準備として、「記号」や「情報」に関するあらゆる道具・器具を預ける、（指導者、アシスタントとの必要時の会話以外）一切の会話を退ける。これは強制なので従うしかないのだが、遥かに厄介なのは、「内的」条件づけとも言える事態、すなわち、あらゆる種類の内語、呟き、イメージ、幻影などが、特に瞑想の初期、止めどなく立ち現われ、それに苛まれることだ。現在の心を占めるあらゆる不安、後悔の念やら、瞑想の深まりとともに、前意識さらには無意識に眠っていた記憶やらトラウマやらが襲ってくる。現に、その襲来の激しさに、嗚咽する者やら、一時的に身体に変調を来す者すらいる。しかし、ヴィパッサナーは、それら執拗に押し寄せるコトバ・イメージすらも、いたずらに抑圧するのでなく、「ありのまま見つめる」ことを説く。不思議なことに、そうして見つめ続けていると、苦痛や愉楽同様、次第に消え失せ、瞑想のある段階からは、全く浮かばなくなる。心は、完璧に静まるようになる。その点でも、ヴィパッサナーは、すぐれて「脱条件」を実現する瞑想法と言えよう。

が、ここに、私固有の（かどうかわからないが）一つの逆説というか矛盾がある。

こうして、あらゆる「記号」的「情報」的条件づけから脱却し、先述のようなおよそ言語化など遠く及ばぬ領域で体験している出来事を、にもかかわらずあえてコトバにしてみたいという欲望。この傲慢とすら言える逆説的欲望により、本書も貫かれている。今回は紙数の関係で収録できないが、この言語を超越した世界で起こる出来事を、コトバの極北で摑みとろうという限りなく不可能に近い試み。そうした極限的断片たちも、この同じPCに眠る。

瞑想が開くエロスのビッグバンを、最たる反-生命の記号＝言語で、苦し紛れに掬いとろうという、姑息とも道化的ともいえる欲望。人間という〝矛盾〟のパロディでも演じたいのか。

次にヴィパッサナーの――ヴィパッサナーを行う上での自分の？――問題点。

⑴心だけが完全に〝止まる〟――ヴィパッサナーは、これを教える。とともに、止まる心以外のすべてのものが〝動く〟ことも教える。〝止〟の深まりとともに、〝動〟がますます冴え、繊細に、広大に、起こっていく。完璧に静まり返った心に、宇宙の森羅万象の〝動〟が映し出されていく。

この〝止即動〟を得るために、ヴィパッサナーは身体的不動を強いる。身体が完全に静まり、呼吸も心拍も限りなく不動に近づくよう促す。事実、自然と、そうなっていく。呼吸も心臓も止まっているのではないか、という状態にまで至る。そうして、体が静まり、心が静まり、その末に、ようやくすべての〝動〟が開けてくる。

少なくとも、10日間コースでは、心の〝止〟をできるだけ保つため、坐るとき以外も、体をなるべく動かさないように指導される。できるだけゆっくり歩き、できるだけゆっくり食べるよう指導される。

ストレッチや体操もできるだけしないよう指導される。

しかし、長時間坐ることが常態化している者ならいざ知らず、そうでない者にとって、1回1時間から2時間、1日計10時間余りも不動で坐り続けることは、身体に異常な負荷をかけることに変わりはない。もちろん、前述のように、瞑想の力で右腰の極限的な痛みが突如奇跡的に消滅する、どころか愉楽にさえ変容することすら、体験はした。が、その直後でさえ、筋肉的・骨格的には、その部位を含め、全身が硬直し切っていたことも事実だ。

そこで、私は（私以外にもいたが）休憩時（5分！）庭に出て、ささやかなストレッチをしていた。坐っている時は、全身面白いように気が変幻自在に経巡る時でさえ、いざ坐を解くと、全身が軋むほどに硬直していることに変わりはなかった。このギャップ――体と心の〝止〟が開く〝動〟と、体がいざ動こうとする時の、体の硬直とのギャップに、滞在中多いに疑問をもった。

日頃、ヨガをやっている者にとって、（もちろんヴィパッサナーがヨガの根本の一つだとも知りつつ）肉体を10日間〝不動〟に縛り付けておくことには、首肯しがたいものがあった。例えば、逆に、動くヨガを絡めたりしたほうが、肉体的な負荷が軽減されるどころか、坐る時の気の循環もよりスムーズになるのではないかとも思った。

(2) はたして、ヴィパッサナー瞑想は、この10日間コースで学び行じたことで（もちろん行の中で生じる中身は人によって違うだろうが）すべて尽きるのか？　ここで学んだプロセスをただ粘り強く深めていくことのみにあるのか？　おそらくそんなことはないだろう。指導者に尋ねても、本やサイトにあたっても、少なくとも私の知る限り、これ以上のことは「明かされて」はいない。

しかし、本当の涅槃に至りつくためには、（少なくとも）もう一つの領域があるのではないか？　つまり目を閉じた〝内観〟による体と心の瞑想のちょうど裏返しとして、目を開いた〝外観〟による心と世界の瞑想もあるのではなかろうか？　もしそれが正しいとしたら、その方法は、五感で感じられる世界の部分部分の波動をできるだけ繊細に感じていく（近景から遠景へ？）。そして、それが一通りすんだら、今度はもっとも近い近景からもっとも遠い遠景まで一挙に感じ取っていく、世界全体を波動の海として感じ取っていく。そのとき、世界の知覚＝感覚への反応の条件付け＝世界の意味的認知の構造全体が一挙に溶解するのではなかろうか。しかし、世界＝波動の快感に溺れてはならない。それに対し、心を完璧に静めて処するとき、おそらくは涅槃が開けてくるのではなかろうか。

そして、最終段階（？）には、おそらく、呼吸を通して、その涅槃への二つの開けを互いに通わせていく。吐く息により、足先までの波動と最遠景までの波動を同調させ、その二つの「広がり」を今度は吸う息で一挙に頭頂までもっていく。その集中した意識をまた二つの広がりへと解き放つ。そして、おそらくは、この〝内観〟と〝外観〟の波動が同調し、一つの波動の海となり、それへと溺れ行く快感に対し、完璧に止観できたとき、〝本当の〟涅槃が開けていき、ついには真に「精神」と「物質」を超えた境地に至りつけるのではないか？

(3)「10日間コース」を終え、日常の生活に戻る。ゴエンカ師は、瞑想が生活においてある種の〝効力〟を持ちつづけるためには、コース後も朝起きて1時間、夜寝る前に1時間瞑想を行うべきだと説く。コース直後は、その通り実践するものの、次第に日々の慌ただしさに負け、時間がもてなくなる。しまいには、完全に放棄してしまう。と、また思い出したように、何日か規則的に坐ってみたりする。その繰返し。そうした状況そのものに嫌気がさしてくる……。

それと並行するように、コース中で滅却したはずの「渇望」や「嫌悪」などが徐々に再来してくる、「記号」や「情報」も、日常生活を送る上での「外的条件」として戻ってくる、つまり人とも会話せざるをえず、お金も使わざるをえない。それにも増して、「内的条件」として再び自らの心の内からあらゆる言葉やイメージが沸き起こってくる。つまりは、〝再条件化〟されてしまう。その再条件化を回避したいがため、忙しいなか何とか坐る時間を作り出すが、所詮コース中のように長時間深めることもできず、再条件化の滅却も不徹底に終わってしまう。

「10日間コース」は、時・空間的、情報的に、「日常」から隔絶した「非日常」的環境の中で営まれた。それは、「非日常」であるが故に、長時間不動で居続けられ、歩くも食べるも限りなくゆっくりとし、携帯やお金も使わず、人と話す必要も生じなかった。しかし、コースが終わり、ひとたび「日常」に戻るや、〝再条件化〟が襲ってくる。がゆえに、ゴエンカ師は、朝1時間夜1時間の瞑想を欠かすべからずと説く。でも、それが規則的にできない者は、〝再条件化〟と瞑想の不徹底の格闘に疲弊してくる……。

そうした状況に陥っていた時、ティク・ナット・ハンのマインドフルネス瞑想に出会った。疲弊が癒されていった。

【註】

1 ステファヌ・マラルメ「アンリ・カザリス宛書簡（おそらく1866年4月28日）」（松室三郎訳）、『マラルメ全集Ⅳ 書簡Ⅰ』、筑摩書房、1991年、280-281ページ。

2 マラルメ「アンリ・カザリス宛書簡（1867年5月14日）」（松室三郎訳）、同書、326-327ページ。

3 秋月龍珉『鈴木大拙』、講談社、2004年、181ページ（秋月の畏友上田通夫の手紙にある一節）。

4 慶應義塾大学教養研究センター「身体知プロジェクト」実験授業「体をひらく、心をひらく」（2006年9月〜2007年1月）。

5 以下、この段落は日本ヴィパッサナー協会のサイト掲載の説明による。

6 以下、ヴィパッサナー瞑想に関する用語はパーリ語表記となっている。必要に応じて対応するサンスクリット表記を（ ）内に示した。また、この節のヴィパッサナー瞑想に関する説明は、主に以下の著書を参考にしている。ウィリアム・ハート『ゴエンカ氏のヴィパッサナー瞑想入門』、日本ヴィパッサナー協会監修、太田陽太郎訳、春秋社、1999年。

7 同書、44ページ。

8 同書、48ページ。

9 同書、136ページ。
10 同書、171ページ。
11 同書、174ページ。

第3章　プラム・ヴィレッジ――瞑想を実践するコミュニティ

1　プラム・ヴィレッジへ

２００９年の冬、私は、ティク・ナット・ハンがボルドー近郊で開いているコミュニティ、プラム・ヴィレッジ（Plum Village）を訪れた。

ティク・ナット・ハンは、１９２９年ヴェトナムで生まれた禅僧。彼は「行動する仏教（Engaged Buddhism）」の提唱者として世界的に知られる。「行動する仏教」とは、仏教の瞑想修行を、非暴力による市民的不服従の運動に結びつけたもの。ヴェトナム戦争時、その早期終結に尽力、パリ平和会議に仏教徒主席代表として参加。が、南北両陣営から追放処分となり、亡命。１９８２年、ボルドー近郊にプラム・ヴィレッジを創設。ヴェトナムからの難民、禅僧、在家など、宗派・宗教・国籍・ジェンダーを問わず受け入れ、現在は１５０人余りの（尼）僧が四つの集落に住み、年間４０００人もの在家が世界中から訪れる。

禅に則った彼の教えは、日常生活のあらゆる所作に意識の十全な目覚め＝気づきをもって臨むマインドフルネス（mindfulness）の思想に代表される。坐るのみならず、歩く、食べる、労働する、さらには皿

ティク・ナット・ハン

を洗う、用を足す、といった「些末な」活動をも、〝今ここ〟への絶えざる気づき＝瞑想とともに行う、という文字通り汎瞑想の実践である。「気づきと瞑想は違うと考える人がいますが、それは正しくありません。気づきの実践とは、毎日の一瞬一瞬を意識しながら生きることであり、それは一つのれっきとした手法です。気づきを実践するのに、僧侶になったり僧院に入ったりする必要はありません。自動車を運転しながらでも家事をしながらでも、いつでも実践できることです。〔中略〕同じように、食後に皿を洗っているときも意識的な呼吸を実践すれば、皿洗いの時間が楽しい有意義なものになります。〔中略〕あなたが皿を洗ったり、その他さまざまな日常の雑事をこなしている時間は、とても貴重なものです。その時間をしっかりと生きるべきです。気づきながら生きることを実践すれば、毎日の生活に平和が芽生えます」[*1]。

そのマインドフルネス＝十全なる気づきの思想は、さらに次の「五つの気づきの訓練」によって、社会的・宇宙的・倫理的展開を育む。少し長いが、以下の私の行論にも深く関わるので引用しておこう。

〈一番目の気づきの訓練――生命に敬意を払う〉

殺生によって生じる苦しみに気づく。そして哀れみを育み、人間、動物、植物、鉱物の生命を守れるようになると誓う。何者も殺さない、何者にも殺されない、世界中のいかなる殺生行為も容認しない。考え方においても、生き方においても、これを貫く。

〈二番目の気づきの訓練――寛容になる〉

搾取、社会的不公正、窃盗、抑圧によって生じる苦しみに気づく。そして優しさを育み、人間、動物、植物、鉱物のすべての安寧のために働けるようになると誓う。自分の時間、エネルギー、物質的資源を、本当に窮乏している者たちと分けあうことにより、寛容を実践すると誓う。盗むことも、他者に属すべきものを所有することもしない。他者の財産を尊重する。ただし、人間の苦しみや、他のすべての生き物の苦しみから利益を得ようとする者は許さない。

〈三番目の気づきの訓練――性的責任を果たす〉

性的不品行によって生じる苦しみに気づく。そして責任感を育み、個人、夫婦、家族、社会の安全と品位を守れるようになると誓う。愛情のない性的関係や、長続きさせるつもりのない性的関係はもたない。相手の幸せのためにも、自分の幸せのためにも、自分の努力、相手の努力を大切にする。子供を性的虐待から守り、夫婦や家族を性的過ちによる破綻から守るために全力を尽くす。

〈四番目の気づきの訓練――深く耳を傾け、愛をこめて話す〉

他者の話が聞けず、不注意な発言をすることによって生じる苦しみに気づく。そして深く耳を傾け、愛をこめて話すことで、相手に喜びと幸せをもたらし、相手の苦しみを和らげるようになると誓う。言葉は幸せを生みもすれば苦しみも生みもすると知って、自信、喜び、希望を喚起するような言葉で誠実に話せるようになると誓う。事実だとわかっていないニュースを広めない。確信のないことに関しては批判も非難もしない。分裂や不和を生むような言葉、家族や社会を壊すような言葉は発しない。いかに小さな対立でも、それを解消して和解させるためにあらゆる努力をする。

〈五番目の気づきの訓練――意識的な消費をする〉

不注意な消費によって生じる苦しみに気づく。そして自分や家族や社会のために、意識的な飲食や消費をして心身の健康を育むと誓う。自分の体と意識、および家族や社会全体の体と意識が、いつまでも平穏で、健康で、快活でいられるものだけを摂取すると誓う。自己の変革にも社会の変革にも適正な食習慣が不可欠であると理解する。酒などに酔わない。有毒な成分を含んだ食物は摂取しない。テレビ番組、雑誌、本、映画、会話などに関しても、有害なものは取りこまない。こうした毒で自分の心身を損なうことは、祖先、両親、社会、および次世代の人々を裏切る行為だと認識する。自分のためにも社会のためにも、意識的な摂取を実践することによって、自分自身や社会に存在する暴力、恐怖、怒り、混乱を変えていくように努力する。*2

ボルドーからローカル線で30分ほど、最寄り駅に着く。辺りは、ベルジュラックなどのワインの一大産地だ。迎えの車に乗り、さらに小一時間、田舎道を走る。

ようやくプラム・ヴィレッジの集落の一つ、アッパー・ハムレットに到着。滞在手続きを済ませ、予約していた部屋に案内される。四畳半くらいの大きさにベッドが二つ、洗面台、トイレ、小さな折りたたみ式の机が壁に作り付けられているが、壊れている。他には何もない。

さっそく、敷地内を散策。かなり広い。見渡す限り３００㎡くらいあるか。大小二つのメディテーションホール、食堂、売店、修道僧宿舎の他に、（ヴェトナム風の？）鐘楼が異彩を放っている。庭の造作は、竹が植わっていたり、中国風の石が配されていたりして、部分的にヴェトナム&中国的趣きか。でも嫌らしいオリエンタリズムではない。

時たますれ違う人たちは、「白人」が多いが、中にはヴェトナム人らしき僧たちもいる。子供たちがふつうに走り回っている。

2　汎瞑想の実際

翌日の早朝、瞑想ホールで坐る瞑想に参加。中央奥に仏陀が祀ってあるようだ。中央の通路の左右に、背を向けあいながら坐る方式。マイクを通して、呼吸法・瞑想法の指導（英語）。やや耳障り。勝手に（自分が慣れ親しんでいる）ヴィパッサナー瞑想法で瞑想。ものの30分くらいで終わる。短い。最後は、僧が仏陀への祈りの言葉を唱え、皆床に平伏す祈りを3×2回繰り返す。三々五々解散。

同じ日の午前には、「歩くメディテーション」。大きな菩提樹の下で集合。すでに何人かが歌を歌い出している。皆に歌詞が配られていく。少し引くが、一緒に歌う。英語以外にヴェトナム語の歌も歌った。それなりに気持いい。

総勢50人くらいだろうか。歩き出す。高僧らしき人が先導。十全なる気づきの呼吸をしつつ、ゆっくりと歩を進める。最初の2、3分は、初めてのせいもあってぎこちなかったが、やがて慣れ、呼吸と足の運びが合ってくる。周りの景色にも感じ入れる。枯れ枝に止まるカタツムリ、霜で覆われた枯葉のあいだから顔をのぞかせる若い芽の鮮やかな緑、透き通った朝陽と影のまだら模様。遠くで、鳥が囀《さえず》ったり、けたたましく鳴いたり。時々、先導する僧が立ち止まり、景色を味わい尽くすよう誘う。

次第に歩みと呼吸のリズムに煽られてきたのか、体全体が軽快になっていき、一歩一歩が軽やかな踊りのような感覚。周りの光景も体にどんどんと〝入って〟くるようになる。こんなに爽快な歩みは久しぶりだ。最後に立ち止まったところでは、枯れ枝が複雑に入り組んだ光景に感じ入り、一体となる。

午後には、「働くメディテーション」。食堂集合で、また合唱から始まる。仕事が割り当てられていく。私は、ヴェトナム人のリーダーについて、「トランスフォーメーション・メディテーション・ホール」という小ホールでの座禅用座布団の配置換え、その後は、他のリーダーの下で、物置の整頓。メディテーションと謳ってはいるが、皆それほどメディテートしているようには見えない。

また、他の日には、二人ペアでの「歩くメディテーション」があった。一面雪景色の中、一人が目をつぶり、もう一人が手を取りガイドし、視覚以外のあらゆる感覚を開いて、自然を味わうメディテーション。最初にこちらがガイドされる。雪の多様な感触が足の裏を通して伝わってくるとともに、雪を踏みしめる音も刻々と変わる。止まるよう促される。恐る恐る手を伸ばす。枝だ。雪の柔らかい冷たさが手に沁みる。ずっと楽しんでいたいが、悴《かじか》んでくる。今度は、段があるようだ。導かれて、恐々と、一段一段確かめるように上っていく。上りきると、突然目の前で弱い鐘の音が鳴る。触る。微妙な震動が手に直に伝わってくる。体中に染み渡っていく。体が、心が、洗われていく。

しばらく砂利道の感触を楽しむ。目を閉じているが、雪の照りで視界がかなり明るい。微妙に変化する。また雪の中に入る。今度はしゃがむよう促される。手を恐る恐る差し伸ばすと、ゴワゴワした手触り。岩のようだ。しばし岩の荒々しい起伏を楽しんでいると、突然冷たい！　雪だ。思わず握り締める。手の中の塊は、ほんの一瞬安らぎを与えてくれた後、手を情け容赦なく悴まらせる。

終着点に着いたら、今度は役割交替。私が誘導していく。どの地面を通ろうか、何を触らせようかと、かすかな迷いを楽しむ。今回は、手を離して、相手に好きなようにさせてもいいというので、広々とした平地で手を離し踊るなり何なりするよう促す。すると、相手は小刻みに踊りだし、しかもどんどん楽しくなっていくようで、なかなか踊り止めない。彼の中の「少年」が突然目覚めたようだった。

十全なる気づき、汎瞑想の実践は、日常の「些末な」行為にも及ぶ。例えば、宿泊した部屋には、以下の詩句が貼ってあった（拙訳）。

〈蛇口をひねりながら〉
水は源から流れ落ちる
山の高みから
水は源から湧き上がる
大地の深みから
水が流れるのは奇跡だ
永久に貫き水

〈手を洗いながら〉

手を水が流れる
きちんと使わなくては！
我ら貴い地球を守るため

〈歯を磨きながら〉
歯を磨きながら
私の発する言葉が磨かれますように
正しい言葉を口にするたび
心の庭に花が咲く

〈トイレで用をたしながら〉
不潔とか清潔とか
量が増えたとか減ったとか
こうした概念は所詮頭の中での出来事
縁起は、ありのまま、頭を超える

こうして、生活のあらゆる場面で、十全な気づき＝瞑想を促されるが、なかでも一番発見のあったのは、「食べるメディテーション」だろうか。

私は、ふだんから、食べることを瞑想、あるいは音楽の聴取などになぞらえていた。もちろん、親しい人たちと談笑しながら食べることを否定するわけではないが、私は一人で、店あるいは自宅で食べることが全く苦にならないどころか、喜びだった。

食は、私にとって、芸術作品を鑑賞するようなものだった。音楽や詩を、黙しながら、味わい尽くすのと同様、料理された品がそれに値するならば、それを観、聴き、触り、嗅ぎ、その味の曼荼羅が繰り広げられる様を堪能した。

ここ、プラム・ヴィレッジでは、それを食堂で、全員が揃って行う。料理係が用意してくれた何種類もの品が並ぶ（主にヴェトナム風精進料理だ）。それを順番に自分の皿に盛り込み、好きな席につく。全員が着席するまで待つ。鐘が三度鳴る。全身の細胞、空腹に染み渡る。各自、黙想したり、祈ったりしている。余韻とともに食べ始める。最初の20分間は、「ノーブル・サイレンス」。全員が、食べることそのものに十全に気づきながら、瞑想＝食べている。

20分経つと、再度鐘が鳴り、以後は、言葉を発したい人は発してもかまわない。談笑を始める人たちもいれば、引き続き黙したまま食べている者もいる。

やや奇妙だったのは、これ以降も、食堂内の時計のチャイムが鳴ると、全員、一瞬、動作を止め、十全な気づきに戻ることだ。そういう決まりらしい。しかも、チャイムがなぜか電子音なので、最初は奇異に映ったが、やがて慣れていった。

ところで、「食べるメディテーション」は、何も食べる行為そのものに集中するだけではない。瞑想は、今ここで食べていることの縁起＝inter-beingにまで及ぶのだ。

例えば〝この〟リンゴを〝この〟私が食べるというのは、一つの〝奇跡〟ではないのか？　地球上で同じときに数限りないリンゴが実っていたなかで、〝この〟リンゴがこの食卓に運ばれて来、たまたま〝この〟私に出会う。しかも、そのリンゴは豊かな太陽のエネルギーと、土から吸い上げた水分と栄養分が、いわば〝結晶〟したもの。それをたまたま食べる私の肉体は、この〝奇跡〟により、これから生かされるのだ。しかも、このリンゴは、この食卓まで一人で歩いてきたわけではない。少なくとも、生産者・流通業者・調理人、三人の労働力でここまで辿り着いたのだ。これを〝奇跡〟と呼ばずにいられようか。こうして、〝私〟の体は、私以外の様々なモノ・コトから日々作られていて、生かされているのだ。だから、食べる瞑想は、単なる精神集中したテイスティングではない。そうして味わい尽くしながら、食べることにまつわる縁起＝inter-beingにも思いをいたすことでもあるのだ。

ところで、そうして瞑想しつつ、毎食ヴェトナム風精進料理を頂きながら、思うことがあった。供される品々は、精進料理ながら、その多様性と質において、心の集中に十分応えうるものだった。おそらく同様の集中をもって、料理人は調理したことだろう。その心も伝わってくる。

仏教――少なくともティク・ナット・ハンが唱える限りの仏教は、先の〈一番目の気づきの訓練――生命に敬意を払う〉にあったように、最重要な戒律に「殺すなかれ」、つまり生き物の命を奪ってはならないという戒めがあるがゆえに、通常菜食に徹する。しかし、仏教はまた、命の存在をいわゆる「動物」のみならず「植物」にも、そして「鉱物」にさえ認める。したがって、もし「殺すなかれ」を文字通りすべての生命の尊重と捉えれば、人間はいかなる動・植・鉱物をも摂取できなくなってしまう。

仏教が説くように、人間もまた宇宙の大いなる縁起の中で生かされている。その命の縁起の中で、究極的には「動物」「植物」「鉱物」という似非科学的弁別は意味を持たなくなるのではないか？　たとえば、「植物」が存在し得ない環境、北極圏に暮らすイヌイットの人たちにヴェジェタリアンたれ、というのは、彼らの生命を維持する生態系に根本的に反することではないか？　現にダライ・ラマ14世でさえ、自分が生まれ育った生態系・食的伝統の中では菜食は健康を害するがゆえに30歳になるまでは肉食を取り入れざるを得なかったと自伝で告白している。*3

要は、「動物」「植物」「鉱物」といった記号的分節のみに捕らわれることなく、自らが生まれ育った生態系・食的環境の中で、いたずらに他の生命を犠牲にすることなく、自らの食するもの＝命に生かされていることに深く感謝しつつ食べることこそ重要なのではないか。

食の〝道〟、〝食道〟があるとすれば、精神を集中し味わうこともさることながら、その堪能を通して、この命の縁起に深く思いいたし感謝することにあるのではないか。

また、食べることを含め、日々、一瞬一瞬、十全なる気づきを実践しつつ、浮かんだ問いがある。坐ったり、横たわったり、つまりは物理的に止まっている場合や、食べたり、歩いたり、動いていても、比較的ゆったりと動いている場合はいざ知らず、仮に〝激しく〟動くとき、例えばスポーツをしたり、踊ったりするとき、瞑想は可能なのか？　という問いであった。ヴィパッサナーの10日間コースでも浮かんだ問いである。

前述のように、ティク・ナット・ハンのマインドフルネスの思想は、シャワー、洗面、用足しといった些細な（?）日常の行為にも及ぶ。坐る瞑想といった精神集中が比較的しやすい場面と比べ、こうした「些細な」行為は、ふだんの自動性が高いために、ややもすると十全な自覚なきまま「流して」しまうことになりかねない。そこで、ヴィレッジでは具体的な方策として、〝止まる〟ことを奨励している。鐘や時計のチャイムが鳴ったとき、何を行っていようがとにかく〝止まる〟のだ。食事をしていても話していても皿を洗っていても、とにかく鳴ると瞬時に全員が〝止まる〟。それは、最初ははなはだ奇妙な所作に映ったが、慣れると自分も何をしていようが〝止まり〟、呼吸への気づきに戻れる。もちろん、こんな手段を使わずとも、絶えず十全なる気づきの状態でい続けられることこそ、修行であろう。しかし、人間の心身のハビトゥスは深く執拗なもの。つい心も体も、十全なる気づきから脱落してしまいがち。だから物理的に〝止〟まるわけだ。

先述のヴィパッサナー瞑想は、その〝止〟を極限まで推し進める。長時間不動で坐ることで体の〝止〟

プラム・ヴィレッジ
（アッパー・ハムレット）

を得るとともに、心の完璧な〝止〟に至るよう促される。私のような者でさえ、場合によって1時間あまり完璧に心が〝止まる〟ことを体験する。そのとき、〝止まった〟心以外の森羅万象が永遠に流転していることをまざまざと実感する。

しかし、問題は、坐ってばかりいては日常生活が送れない。歩いたり、食べたり、用を足したりしなくてはならないことだ。ヴィパッサナーは、その完璧な〝止〟をできる限り乱さないよう、そうした日常の所作もできる限り〝ゆっくりと〟行うことを勧める。走ったり踊ったりなど言語道断。ティク・ナット・ハンの方法は、それに比べれば、〝ゆるく〟〝あそび〟があるので、庭で走る僧侶もいれば、卓球をやっている僧侶さえいた。しかし、基本はそうしたときでも十全なる気づき、〝止〟である。はたして人間は、走っていて踊っていて、十全なる気づきで、〝止〟でいられるのだろうか？　少なくとも私の知っている限りのヴィパッサナーは、その点については何も教えてくれなかった。ティク・ナット・ハンは、歩くという動作、食べるという動作に関してはかなり具体的な方法を提示してくれるが、事より「激しい」活動に対しては（私の知る限り）積極的な方法を提示してはいない。

はたして走りながら踊りながら〝止まる〟ことは可能か？　私は昔何年か勅使川原三郎のダンスカン

パニーKARASのワークショップに通っていたが、その経験からすると、可能だ、といえる。ある種の訓練を積むことにより、物理的には「激しい」動きをしているにもかかわらず、心はいたって安らかになりうる。満身で跳躍していながら、軽やかな静止感に包まれる。おそらく究極的には、〝止まる〟には物理的な静止は必要ないのだろう。逆に、限りなく激しく動いていても、〝止〟が乱れない状態こそ、解脱なのかもしれない。

しかし（私も含め）人間は弱いもの。解脱を成就した者でもない限り、〝止まる〟には、鐘やチャイムが必要なのだろう。

3　脱宗教的サンガは可能か？

プラム・ヴィレッジに着いて3日目、ティク・ナット・ハンの講話があった。原則、毎日曜日、四つの集落に分かれて住んでいる（尼）僧たち、在家が一堂に会し、ティク・ナット・ハンの講話を聴き、全員で「歩くメディテーション」を行い、昼食をとる。

この日は、私のいるアッパー・ハムレットから車で30分ほどもかかるニュー・ハムレットで、集いがあった。自然のすべてが、霜で凍り付いていた。誰かがマイナス6度と囁いていた。

メディテーション・ホールには、２００人余りが集まっていた。講話は、ヴェトナム語で行われるらしく、英語とフランス語の同時通訳が入る。

プラム・ヴィレッジ（ニュー・ハムレット）

最初の10分は、新年にあたって、改めて十全なる気づきによる幸福の追求を確認。彼が著書などでよく説いていることの繰り返し。次に、今日のメインテーマらしい「道徳学」に関して。通常の欧米の（キリスト教に基づいた）道徳学が、例えば「幸福／苦悩」「吉／不吉」など二項対立的行動規範に則る「標準道徳学 normative ethics」（彼は漢字と英語で書く）であるのに対し、仏教が唱えるそれは、〝例外〟を認める。例えば「戒律を守る（嘘をつかない）／違反する（嘘をつく）」と二項対立的規範に従えば、たとえ真実を語ることで他人を死に追いやるような状況でもあくまで真実を語らなくてはならないのに対し、仏教は他人を死に追いやるのを避けるために嘘をつくという〝例外〟を認める。ただし、その〝例外〟はあくまで他人への深い愛に基づいてなされなくてはならない。仏教の道徳学は従って「応用道徳学 Applied ethics」ないし「超道徳学 Meta-ethics」であると言う。

ところで、そう講話をするティク・ナット・ハンは、「若かった」。驚いた。１９２６年生まれということだから、83歳のはずだ。60代後半くらいにしか見えない。小柄だし、痩せてもいて、それなりの月日が肉体にも刻まれているが、全身気が満ちている。立ち居振る舞い、話し方に、〝ぶれ〟がない。「歩くメディテーション」の途中で、休憩の折、彼流の〝体操〟を皆にも促したが、ふらつきや無駄な動きなど一切なかった。長年の十全なる気づきの鍛錬の賜物だろう。

ティク・ナット・ハンは、少なくともこの日、講話後も、歩くメディテーション、昼食と、皆と行動を共にし、また他日でも、四つの集落の食事やメディテーションに順繰り顔を出しているようだったが、少なくとも私の見る限り、物理的に近くにいても、誰も（用事以外は）気軽に話しかけなかったし、また彼からも話しかけなかった。会衆の方は、あまりの尊崇ゆえに近付き難いのか。いずれにしても、ティク・ナット・ハンと会衆の間には、彼のカリスマ性に起因するであろう〝隔たり〟が大きく横たわっていた。

一つ、腑に落ちなかったことがある。食事に同席するティク・ナット・ハンと幾人かの高僧の席を見ていると、彼らだけ、他の会衆が食べるもの（それだけでも、前述のように、かなりの質と豊かさなのだが）の他に、２～３品、特別な料理を供されているようだった。しかも、先の日曜の集いの折など、室内でもあまりの寒さに、ホールに全員（２００人余り）が揃うまでにはそれなりの時間がかかるため、見る見るうちに目の前の食事が冷めていく。ようやく、黙想・祈りの後、箸を付けはじめ、ふとティク・ナット・ハンと高僧たちの方に目をやると、何と彼らの前の食器からは湯気が立ち上っているではないか！

長年、禅寺で典座（料理番）を務めたある老師が書いている。「禅宗では、上は長老さんから、昨日、今日の新参雲水まで同じ食をいただく。それはそうであろう、生かされている命は皆同じ。道を求める志に優劣などない。民主主義というが、禅宗はこれに徹し切っている。これか、和そのものである。僧堂をサンガという。和の集団ということである。だから、食平等であるのはあたりまえのこと[*4]。もし、禅に、「食平等」の精神が徹底しているならば、この「不平等」は、理解に苦しむところだ。

もう一つ、腑に落ちかなったこと。私のいたアッパー・ハムレットに、週一回開く小さな「本屋」があった。最低限の生活必需品の他に、ティク・ナット・ハンの各国語に訳された書籍はもちろんのこと、彼やプラム・ヴィレッジを写した絵葉書、彼の講話を収録したヴィデオやＤＶＤ、さらにはプラム・ヴィレッジのロゴの入ったＴシャツ、ティク・ナット・ハン直筆の書までが、販売されていた。それは、「本屋」というより、「土産物屋」に近かった。

また、別な点、宗教性ということで気になった点が一つある。

禅宗もまた、仏教であることにかわらないのだから、当たり前といえば当たり前だが、メディテーション・ホールの中央奥には、仏陀の像が安置されていて（なぜか私のいたハムレットの小ホールでは、全身ピンクに塗られた像だった）、メディテーションの終了時には、三度平伏する祈りを二回繰り返す儀式があった。

それ以外の場面では、逆に、少なくとも在家が出入りできる場には、ほとんど「宗教」を感じさせるものはなく、在家は僧侶たちとも（少なくとも日常の場では）自由に交われたり、僧侶たち自身もピンポンやブランコをしたりして、かなり〝自由な〟雰囲気を醸していた。「厳粛な」禅寺という感じは頓としなかった。

これだけ宗教的にも〝ゆるい〟にもかかわらず（あるいは〝ゆるい〟がゆえに）、これだけの修道僧と在家が世界各地から集まってくる、その〝魅力〟はやはりティク・ナット・ハンの「カリスマ性」にあるのだろう。解脱者としての彼の行動と言葉の〝力〟、そしてそれへと共同幻想的に仮構される集団的崇拝が綯《な》い交ぜになった「カリスマ」は、このサンガの最大の求心力のようだ。それゆえ、こんなヨーロッパの「辺境」にさえ、世界中から人々が引き寄せられてくるのではなかろうか。

こうした「カリスマ」もなく「宗教性」もなく、はたしてサンガは可能か？　脱宗教的サンガは可能なのか？　もし可能だとすれば、そのサンガを動かす思想と方法それ自体に魅力、求心力があるからだろうか？　私が現在抱えている大いなる問題である。その問いを最終章でさらに深めてみたい。

4　仏教における性

先の講話を終えるにあたり、ティク・ナット・ハンは、今〈三番目の気づきの訓練――性的責任を果たす〉を改訂するかどうか検討中なので、今日の午後のシェアリングの時間に、それについて話し合ってほしいと告げた。

そこで、昼食後、英語・フランス語・イタリア語、そして30歳以下の若者グループに分かれて、シェアリングを行った。私は、フランス語のグループに加わった。シェアリングは、単なるディスカッションではなく、一人が合掌後話し始め、合掌とともに終わるまで、他の参加者は介入したりせず、じっとその人の話に耳を澄ませる。話したい人がそうやって自発的に話していく。もし話している人が何らかの事情で黙り込んでも合掌するまで他の人は言葉を差し挟んだりせず、その沈黙そのものに耳を傾ける。話したくない人は、無理に話さなくてもいい。ただ集中して聴くということも、十分〝参加〟したことになるのだ。すなわち、〈四番目の気づきの訓練——深く耳を傾け、愛をこめて話す〉の実践だ。

〈三番目の気づきの訓練〉を思い出してみよう。「性的不品行によって生じる苦しみに気づく。そして責任感を育み、個人、夫婦、家族、社会の安全と品位を守れるようになると誓う。愛情のない性的関係や、長続きさせるつもりのない性的関係はもたない。相手の幸せのためにも、自分の幸せのためにも、自分の努力、相手の努力を大切にする。子供を性的虐待から守り、夫婦や家族を性的過ちによる破綻から守るために全力を尽くす」。

テーマがテーマだけに皆非常に話し出しづらそう。かなり長い沈黙の後、ファシリテーター役の老僧が役柄上自分の「禁欲」の話から始めるが、それに続く人がいない。会話での沈黙を何よりも恐れるフランスでは非常に珍しく沈黙が領する。ようやく、なかでおそらく最も若いであろう女性（30歳前後？）が自分の体験を話し始める。親から「性教育」をほとんど受けなかったこと。自分の「性」へのイメージは、映画などで形成されたこと。父親の度重なる不倫などで家庭が目茶苦茶になり、両親は離婚。「性」は不純なものという強い先入観の形成。男性と「性」的にどう付き合っていいかわからなかったこと。ようやく今のパートナーに出会い、互いの「性」「愛」に関する問題を十分話し合いながら性交渉を持つようになったが、今では精神的な一体感が得られ、〝祈り〟にも近いという。特に最後の体験は私の現状に近いので、話し出したい気持ちに駆られるが、フランス語の「ネイティヴ・スピーカー」たちへの気後れからか、話し出せない。しかしようやく2時間にも及ぶシェアリングの最後の方で、自分の体験を話し出す。他にも、私や彼女同様、「性」行為は必ずしも生の悦びを知る上で否定的な要素ではなく、それどころか最も重要な要素の一つであると主張する人が、少なからずいた。対して、ファシリテーター役の老僧は、性行為を断つことで、生のエネルギーが生を尊ぶ他の関係性へと流れ込むことで、その関係性がより豊かになると話す。断食も同様だという。

確かに、ほとんどが初めて会う人たちの前で、自分の性に関する話をするには、フランス人といえどかなり心理的抑圧がかかっているようだ。参加者は13～4人いたが、半数が話をしなかった。途中、自分の辛い体験を思い出したのか、すすり泣く女性もいた。いずれにしても、言語に表出し他人と共有することの困難さの経験も含め、貴重な時間だった。

後日、再び、同じテーマでシェアリングがあったが、いずれの回も、私を含め、性的関係は相応しいパートナーと営まれるとき、生の悦びを妨げるどころかむしろそれを最大限に味わいうる貴重な機会であると発言する者がかなりいた。

食べる瞑想が、食べるという快楽に耽溺し尽くすことなく絶えず十全な意識の目覚めをもちつつ生の悦びを体感しうるように、性行為においても同様の瞑想が可能なのではないか？　それはややもすると食的体験よりも強度が強いゆえに快楽への耽溺の危険度が高いにもかかわらず、あるいはそうであるがゆえに、生の悦びをより強烈に経験しうる特権的な機会でもあるのではなかろうか?（後に詳しく見るように）多くの仏教の宗派が性的禁欲を奨励するのに対し、例えばタントリズムは、性の瞑想を解脱にいたる最も重要な道と考える。単なる快楽への耽溺に終わらぬよう、タントリズムは複雑で深遠な瞑想の技法（art）を開発した。呼吸と思考と精液の〝止〟により、強烈な快楽の中でも限りなく目覚め、パートナーとの宇宙的気の交感により解脱へといたる。

もちろん、ティク・ナット・ハンは、性的関係そのものを（少なくとも在家に関しては）禁じているわけではない。現に、プラム・ヴィレッジでもカップルの同室での滞在を認めているし、結婚を控えたカップルに婚姻生活でいかに十全なる気づきと幸福を実現するかを説く「一人の人を幸せにするための学校」さえ設けたいと言う。*5 しかし、少なくとも、今回の滞在期間中、そして私の読書の範囲内では、十全なる気づきそしてプラム・ヴィレッジは、性を重要な瞑想の機会と捉える思想をもっているようには見受けられなかった。おそらくそれを意識的無意識的に感じていたからこそ、何人かが、シェアリングの際、上記の内容の発言をしたのだろう。

個人が生きることの、そして何よりも生命の根源とさえいえる生殖ないし性。それをあえて瞑想の機会としては排除するところに、もしかすると仏教（のみならず多くの宗教）の大いなる矛盾が隠されているのかもしれない。

5　ヴィパッサナー瞑想とマインドフルネス瞑想の違い

(1) 少なくとも私がこれまで体験した限りでのヴィパッサナー（以下Vと略）のコースは、それぞれ10日、3日、1日であっても、常に段階的、すなわちアーナパーナ→ヴィパッサナー→メッターと進行し、また、瞑想の深まりがいわば〝垂直的〟に、すなわちアーナパーナの精神集中による妄念の除去から始まって、感覚の脱条件付けが解脱の方へと螺旋状に深まっていくのに対して、ティク・ナット・ハンのマインドフルネス瞑想（以下Mと略）は、（少なくとも在家も参加する）坐る瞑想においてさえ、そうした〝垂直性〟への誘いはなく、むしろテーマ的に〝水平〟にずらされていくような瞑想法である。

例えば、

①息を吸いながら、心の中の平穏を味わう。息を吐きながら、心の中の平穏に微笑みかける。
②息を吸いながら、心の中の喜びを味わう。息を吐きながら、心の中の喜びに微笑みかける。
③息を吸いながら、心の中の安定を味わう。息を吐きながら、心の中の安定に微笑みかける。
④息を吸いながら、心の中の開放を味わう。息を吐きながら、心の中の開放に微笑みかける。
⑤息を吸いながら、心の中の幸せを味わう。息を吐きながら、心の中の幸せに微笑みかける。[*6]

この瞑想に限らず、万事がこのような〝水平的〟な変奏を奏でていく。

(2) Vの指導は、瞑想のセッションの開始時に、ゴエンカ氏の録音された指導が流れるだけで、実際の瞑想中は、一切（臨席している指導者からも）指導がなく、無言に徹するのに対し、Mは、坐る瞑想においてさえ、数分おきに、しかもマイクを通して、言葉による指導が差し挟まれた。Vに慣れている者にとっては、その言葉の介入は甚だ煩わしかった。

(3) Vの坐る一回のセッションが一時間から最長2時間半（その間トイレに立ったりするのは可）であるのに対し、Mの坐る瞑想は、体験した限りでは、一回がせいぜい30分程度で、従って、瞑想の深まりや安定の持続を経験するには、短すぎるように感じた。

(4) Vは、基本的に長時間身体的に不動を保つことから、特に初心者には肉体的に偏った負荷がかかり、時には激しい痛みを伴う、また坐っていないときも、なるべく運動（ストレッチさえ）を控えるよう指導されるのに対し、Mは各種の身体的運動を瞑想の機会と捉える。というより、Mにとって、究極的には、身体的な動／不動は決定的ではない。むしろ、心が〝止まって〟いれば、体は動いていようが止まっていようが、重要ではないようだ。

(5) Vのコースが、外部世界から遮断され、記号に関する持ち物をすべて預け、参加者間での会話が禁じられ、プログラムも基本的に全員参加であるなど、「峻厳な」性格をもっているのに対し、Mは、「怠ける日（Lazy Day）」を設けたり、プログラムにも自由参加で、会話や読書なども自由にでき、外部との出入りや連絡も自由にできるなど、〝あそび〟や〝ゆとり〟をも尊重する。

⑹Vが、男/女の瞑想空間・生活空間を峻別するのに対し、Mは、儀式としての瞑想や食事以外の場面では、すべて男女混淆であった。カップルの同居型滞在さえ許す。

私は、日本やフランスで、ヴィパッサナーを様々なコースや日常生活で一通り体験してから、プラム・ヴィレッジを訪れたが、最大の収穫は以下の点だったろうか。また、その点こそ、ヴィパッサナーの最中に問うた問いへの答えだった。

先述したように、ヴィパッサナーでは、坐る以外の場面も絶えず瞑想を実践するよう指示されるが、少なくとも私が参加した限りのコースやゴエンカ師の発言の中では、坐る以外の場面での瞑想の仕方が具体的に指導されることはなかった。従って、私、そしておそらくは参加者の多くが試みていたであろうことは、動いていても、坐る場面になるべく近づく形の瞑想、すなわち歩いたり食べたりする動作をなるべくゆっくり行い瞑想することだった。

しかし、外界と遮断されたコース中はいざ知らず日常生活に戻っては、常になるべくゆっくりと活動するわけにはいかない。はたして、そうした「散漫」になりがちな場面では、いかなる精神態度で臨めばいいのか。皆目わからなかった。

マインドフルネスの思想と方法は、まさにその問いに具体的に答えてくれた。

確かに、解脱者でもないかぎり、日常の〝些細〟な場面まで、坐る瞑想の〝止〟を持ち込み得ないだろう。だが、マインドフルネスは、日常のあらゆる場面が、物理的に止まっていようと動いていようと、瞑想の契機になることを具体的に示してくれた。

こうして、私たちは、たとえ目を閉じ、坐り、不動を保っていない時でも、歩きながら、食べながら、あらゆることをしながら、それを瞑想できるわけだ。

ヴィパッサナーを体験した後、マインドフルネスを体験するまでは、おそらくヴィパッサナーの峻厳さ、集中度、垂直性ゆえ、日常生活の一部に織り交ぜながらも、どこかしら「非日常」として特別扱いしていたため、日常の忙しさに紛れ、十分な「非日常」の時間が持てなくなると、瞑想自体を放棄しがちになっていたが、マインドフルネスの体験は、そうした、瞑想の「非日常」と非瞑想的な「日常」という峻別を、いい意味でなし崩しにしてくれた。その間が地続きになり、融通無碍に行き来できるようになった。汎瞑想にまた一歩近づいた気がした。

【註】

1　ティク・ナット・ハン『あなたに平和が訪れる禅的生活のすすめ』、塩原通緒訳、アスペクト、2005年、11-12ページ。

2　同書、101-104ページ。

3　ダライ・ラマ『ダライ・ラマ自伝』、山際素男訳、文藝春秋、2001年、279-280ページ。

4　道元『典座教訓』、藤井宗哲訳・解説、角川学芸出版、2009年、26–27ページ（引用は、藤井による解説文から）。

5　ティク・ナット・ハン、前掲書、179–180ページ。

6　同書、40–41ページ。

第4章　快楽を瞑想する

1　食への目覚め

食べることと瞑想。おそらく多くの人にとって、最も結びつきかねる一つの行為であろう。現に私にしたところで、人生のある時まで、そうであった。

小学生から高校生のある時期まで、スポーツに打ち込んでいた私にとって、食べることは、水分を摂ることや眠ることと同様、新陳代謝の激しい肉体を維持するのに不可欠な行為というだけの意味しかもたなかった。それは、完全に日常生活に埋没した、半自動的な行為にすぎなかった。

転機が、それも自分の人生にとっては「コペルニクス的転回」が訪れたのは、フランス留学中だった。当時24歳だった私は、数ヶ月前からフランス人家庭にホームステイしていた。一人暮らしのお婆さんは、毎日、フランスの家庭料理を作ってくれていた。それはそれで、愛情のこもった美味しい料理で、それを通して、私はこの国の食文化のいろはを学んだのだった。

しかし如何せん、初めての外国暮らし。毎日、それまで慣れ親しんでいた食べ物とは全く違う食べ物

日清カップヌードル

の連続。しかも、当時（１９８４年）のパリは、日本レストランがちらほらあったものの、貧乏学生には高嶺の花。唯一、慣れ親しんだ食事ができる機会は、自室で深夜、どうしようもなく空腹になった時に、ささやかな電気コンロで湯を沸かし、日本食料品店で日本の３、４倍もの値段で買ったカップヌードルを食べることであった。月に一回くらいだったろうか。

　その晩も、十分な量の夕食を済ませたにもかかわらず、おそらく読書か何かで夜更かししてしまい、空腹に耐えられず、カップヌードルの封を切ってしまった。いつものように、電気コンロで湯を沸かし、カップに注ぎ、３分待った。蓋を開け、立ち上る湯気を嗅ぐと、何とも「芳しい」匂いが鼻孔を打つ。おもむろにフォークを突っ込み、掻き回し、麺と汁を啜り込む。その、限りなく慣れ親しんだ味が五臓六腑のありとあらゆる細胞に染み渡る。これほど旨いものがこの世にあるだろうか。感動で全身が震える。と突然、その、全身に染み渡っている味が、俄に立体的に展開し始め、まるで曼荼羅のように広がっていくではないか。あたかも、名演奏の交響曲のように、あるいは極彩色の星雲のように、味がどこまでも繰り広げられていくのだ。

　しばらくその光景に呆然としていた私は、しかし、突如愕然とした。私が、これほどまでに感激した「味」とは、実は、食品の中でもおそらく最も人工的な食べ物、味ではないか。原料さえ定かならぬ、肉もどき、卵もどき、ネギもどき、要はすべてが「もどき」で出来上がっている食品、味ではないか。それを、これほどまでに、交響曲の名演奏を聴いた如く感動する自分の味覚とは、いったい何なのか。私が、今までの人生で食べてきたこと、「美味しい」と思ってきたこととは何だったのか。愕然とした。

それからというもの、食べるもの、特に美味なるものを食べた時、その味が全身に染み渡っていくとともに、それが身体から〝遊離〟して、立体的な曼荼羅を繰り広げるようになった。日常に埋没していたはずの味が、〝裏返り〟、口腔の中で、いや、その彼方へと非日常的な交響を奏でるようになった。まさに味覚の「コペルニクス的転回」だった。

以降、さらに7年近く続いたパリ生活で、トマトの味、苺の味、パンの味、ワインの味、ありとあらゆる「慣れ親しんだ」はずだったが、それまでは無自覚で食べていたものの味を、次々と〝再発見〟していった。フランスには、その再発見、そして新たな発見に応えてくれる食材が、ふんだんにあった。

たまに日本から来客のある時など、要望でいわゆる「星付き」のレストランにお伴したが、それら名だたるシェフが作り出す奇跡のような作品の妙に、味覚の曼荼羅はさらに繊細さと豊穣さを増していった。あるいは、旅で立ち寄る土地土地で、素晴らしい食材の絶対的な力にも遭遇した。マジョルカ島で齧った生の玉ねぎの、太陽の果汁とでもいうようなえも言われぬ甘み。ギリシャの名もない港町で頬張った茹でたての海ザリガニの歯ごたえと滋味。ドイツの田舎町で飲んだ地ビールの完璧な泡立ちと温度がもたらすどこまでも滑らかなコクと喉越し。グラスに鼻を寄せた瞬間漂う芳しい肥やしの匂いの霧消する向こう側に目くるめくように展開していくブルゴーニュのグラン・クリュの限りなく高貴な香りと味の万華鏡……。

こうした数々の味の発見・再発見によって、いつしか私の中には、いかなる情報や環境にも左右されない、絶対音感ならぬ「絶対味覚」のようなものが形成されていった。

2 食というシミュラークル

ところが、長い留学を終え、久しぶりに（1991年）帰った日本で、またもや愕然とした。食べるもの食べるものが、〝奇怪〟なのだ。もちろん、外国では絶対味わえない、世界的に見ても突出して旨い寿司や精進料理や菓子などがある傍らで、これまた世界のどこにもないほど奇妙な食材や料理がゴロゴロしているのだ。

味がないことはない。しかし、そのなくはない味がことごとく薄っぺらで茫漠としているにもかかわらず、ある部分、例えば甘みだけが不自然なほど強調されていて、奇妙にアンバランスだったりするのだ。いったいこの世にも不思議な奇怪さは、どこから来るのだろうか、としばし考えた。味が〝記号〟と化しているのだ。

スーパーマーケットに行くと、野菜や果物が、どれも同じ色・形・大きさで整然と並んでいる。そのいずれもが不揃いの、フランスの市場の光景を見慣れた者の目には、それだけでもかなり奇妙に映る。

さらに、その一つ、例えばトマトを買ってきて、生のまま切って、口に入れる。すると、トマトに予期する独特の酸味・甘味・果汁の具合、そして何よりも太陽と土の養分の結晶ともいうべき滋味が、肩すかしを食らったように、どこにもないのだ。代わりに、異様なほどの「甘さ」だけが嫌らしく口にのさばる。いったいこれは〝何〟なのか？　外観だけは、下手をすると、フランスで売っているトマト以上に、というか「トマト」として理想的とも言えるほど瑞々しく美味しそうに見えるのに、いざ食してみると、トマトがどこにもないのだ。何もトマトに限ったことではない。口にする野菜、果物、肉のほとんどが、同様なのだ（辛い魚はフランスよりましなものが多いが）。

また、レストランで出される料理も「ニース風某」「ミラノ風某」と名付けられてこそいるが、いざ口にしてみると「ニース」や「ミラノ」はどこへやら、奇妙に薄っぺらで茫漠とした味なき味が広がる。そう、これら本物の「トマト」「パン」「ビール」と見えるものが、実は完璧に人工的なカップヌードル同様、〝記号〟としてのトマト、〝記号〟としてのパン、〝記号〟としてのビールにすぎないのだ。

ボードリヤールは、現代社会で消費される商品はことごとく「シミュラークル」である、すなわち「オリジナル」のあくまで複製であるとわかる「コピー」（例えばカップヌードル）ではもはやなく、「本物」そっくりの、いやまさに「本物」そのものがすでに〝記号〟と化しているような、しかも消費する側はその〝記号性〟を意識していないような、そうした商品の存在論的・記号論的在り様を「シミュラークル」と呼んだわけだが、日本の「本物」のトマト、「本物」のパン、「本物」のビールは、ことごとくこのシミュラークルであり、我々はだから「本物」のトマトを食べ、美味しいと感じながら、その実記号としての「トマト」、シミュラークルとしての「トマト」を食べ味わっているにすぎないのだ（これに比べれば、ボードリヤールの本国、フランスには、まだまだ「本物」と「コピー」があるだけで、日本ほど高度なシミュラークルは少なくとも当時ほとんど存在しなかった）。

当時（１９９１年）、日本では「バブル」経済（＝「シミュラークル」経済？）が崩壊せんとしていた。が、社会にはいまだ、世界でも抜きん出た高度で繊細な消費文化が満ち溢れていた。食に関する情報も、質量ともに群を抜いて豊かだった。話題の店には長い行列ができ、あるいは何週間、何ヶ月も予約待ちしていた。そうして、何時間も、何ヶ月も待ったあげく、「究極の」ラーメンやら「至極の」フレンチやらに舌鼓を打つが、彼らの大方が味わっているのは、「究極のラーメン」という情報、「至極のフレンチ」という記号にすぎない。味覚は常にすでにシミュラークルで覆われていて、それをなぞり、再認しているにすぎないのだ。

超資本主義は、食をも味覚をも「バブル」化した。泡の如き情報、シミュラークルだけが、社会に、生活に、口の中に浮遊し、その泡の表面に映る蠱惑的な光彩に、人々は何時間も待ち、何万円も叩いて、ご満悦なのだ。*1

私は、第1章で、超資本主義における貨幣＝記号への狂気じみた〝執着〟について言及したが、まさにこの食の世界で起きている「行列」「予約待ち」あるいは「何々ブーム」こそ、超資本主義的執着の別様の表れに他ならない。

これほどまでに瞑想から遠い世界はあるだろうか。しかし、先にも見たように、この食という、人間の根源的欲望に直結した世界ですら、あるいはそうであるがゆえに、食の瞑想もまた可能なのだ。

3　食べるという瞑想

食べること、特に美味しいものを食べることは、私にとって、「コペルニクス的転回」以来、こうして、優れた演奏を聴く、芸術作品を堪能することと同義となった。私にとって「美味しい」とは、まず何よりもシミュラークルを打ち破る、あるいは寄せ付けないほどの〝力〟、しかも五感を震撼させるとともに陶然とさせる〝力〟を有することを意味する。そして、その〝力〟は、食材そのものの天然力（もちろん生産者の知恵と技が籠められている場合もあるが）と、それを最大限に引き出し料理する料理人の技芸力との合力である。食べることを通して、その〝力〟を限りなく繊細かつ豊饒に堪能する、それこそ食の醍醐味である。

人はよく、旅先などで一人で食事をすることほど淋しいことはないと言う。私には、それが全く理解できない。もちろん、私とて、気の合う仲間たちと談笑しながら食べることを否定するどころか、楽しむこともままあるが、しかし美味しい料理の〝力〟を思う存分堪能したければ、ごく気心も知れ、「美味しい」の何たるかを知る人（これが少ない！）とだけ席を共にするか、さらに理想的にはただ一人で料理に向かうことであろう。それは、素晴らしい芸術作品の〝力〟をお喋りしながら味わえないのと全く同じ道理だ。

しかし、私にはまだ、それを——事実としてはすでにそうであっても——「瞑想」という言葉に結びつける契機がなかった。その契機となったものこそ、ヴィパッサナーであり、何よりもプラム・ヴィレッジであった。

先述のように、ヴィパッサナーの10日間コースでは、食べることも（坐ること、歩くことなどと同様）瞑想を開く行為だという教えがあった。だが、例えば坐る瞑想に関しての詳細な指導に比して、こと食べることに関しては何ら具体的な方法は示されなかった。だから、自分なりに、食べることに集中し、五感の冴えに味が開かれていくに任せるしかなかった。それに、供される食事は、奉仕してくれる人たちの籠めた心が十分伝わってくる料理とはいえ、どうやら一定のレシピに従っているらしく、その結果のほとんどは、私の「美味しい」と感じる〝力〟を十分生み出してはいなかった。食＝瞑想に関して（食と瞑想を結びつけたということ以外は）新しい発見はなかった。発見はむしろプラム・ヴィレッジにあった。

「子供に簡単に瞑想の実践を教える方法の一つが、子供といっしょに意識的にオレンジを食べることです。ふだん、私たちはとくに意識を働かせることもなく、さまざまなことに思いをめぐらせて、自分のこともオレンジのことも忘れています。仕事のプロジェクトを心配していたり、過去や未来のことで頭がいっぱいになっていたりします。しかし少しだけ時間をとって、子供といっしょに意識的にオレンジを食べてみてください。たった十五分程度のことです。ゆったりと座って、オレンジを手に持ち、それを見つめて、微笑みかけてください。そうすると、あなたも子供も真にそこに存在するようになります。そして同時に、オレンジをそこに存在させることにもなります。あなたが真にそこに存在していれば、そこにあるオレンジそのものが一つの奇跡であるとわかります。おそらく、こんな情景が目に浮かんでくるでしょう。オレンジの木が小さな花をつけた。太陽と雨に滋養を与えられ、その花から小さな果実が生まれた。大地と、空と、宇宙全体が力を合わせて、このオレンジを美しい果実に成長させた。そのオレンジが、いま自分の手の中にある。これが奇跡でなくて何だろう。そして、あなた自身も一つの奇跡です。二つの奇跡の出合いこそ、真の人生です」。*2

先述のように、私は「オレンジ」の代わりにリンゴを食べながら、この「奇跡」に思い至った。その時は意識しなかったが、もしかするとこの「オレンジ」の一節が無意識に作用していたのかもしれない。いずれにしても、リンゴを食べつつ瞑想しながら、この一期一会の「奇跡」の発見に打ち震えていたのだった。

何もリンゴだけではない。プラム・ヴィレッジの食事は、主にヴェトナムの精進料理だが、自家栽培の作物を多く使っているせいもあり、その料理は、瞑想の集中に十分応えうる〝力〟を備えていた。その〝力〟が瞑想をさらに深く豊かにすることも実感した。しかし、私にとっての何よりの発見は、食べることを瞑想することとは、単に味を、その〝力〟を堪能するだけではなく、食べるという、すなわちある生命体が自らの生命を維持し育むのに、他の生命体と邂逅し、それが蔵する生命力を〝頂く〟という事実、その残酷さと有り難さにまざまざと気づくことでもあった。

何気なく使っていた日本語の「いただきます」という言葉の真の重みが腑に落ちたのだった。食べるという、この、ある生命体が別の生命体を〝頂く〟という奇跡、それもまた縁起でなくて何であろう。一人の人間が、一個のリンゴを頂くというささやかな縁起、これは地球上の無数の生命体が織り成す巨大な縁起の網のたった一つの網目にすぎない。一個のリンゴを食べる背後に広がる広大な縁起の大海を瞑想すること、瞑想しつつその大海に自分が生かされていることに十全に気づくこと、それこそ、私がプラム・ヴィレッジで体得した〝発見〟であったが、またそれこそが、現代の超資本主義化された文明にあって最も隠蔽されていることの一つではないか。

たとえば、コンビニに並ぶ食品の群れ。元々生命体であった記憶がことごとく消去され、限りなく生命力を失った死骸が、これでもかというほど加工に加工を重ねられ、物の見事に出来上がった亡霊たち、シミュラークルたち。こうした亡霊たちを食べながら、その背後に生命の縁起の大海など感じ取ることはほとんど不可能だ。亡霊しか食べぬ人間たちが、亡霊のようにしか生きられないのは当然だ。

『美味礼讃』の著者、ブリア゠サヴァランは言う。「どんなものを食べているか言ってみたまえ。君がどんな人であるか言いあててみせよう」[*3]。

4 道元と食

プラム・ヴィレッジは、〝ゆるい〟とはいえ、禅を実践するコミュニティである。故に、食べることを含め、日常のあらゆる「些末」な行為といえど、瞑想の、悟りの契機となりうる。

ところで、禅と食といえば、日本人ならすぐさま道元を思い起こすことであろう。彼自身、『典座教訓』などで述べているように、仏道への真の精進の大きなきっかけとなったのが、宋でのある典座（禅寺の食事係）との出会い、それを通した食、料理との出会いだった。

精進料理

木に着きながら上陸が許可されず滞留していた道元の船に、ある日老僧が訪ねてくる。自分の寺でうどん供養をしたいため、いい出汁のとれる干し椎茸を探しにきたという。遠方から足を運んできた老僧に道元は労いの心から、ここで一晩を過ごしてはどうか、供養させてはもらえまいかと申し出る。それに対し、老僧は、彼を待つ僧たちのために椎茸が手に入り次第寺に帰らねばならぬと答える。道元は、なぜこんな歳にもなって、座禅修行や経文の研究の代わりに、煩わしい食事係などしているのでしょうかと問う。すると、老僧は突然大笑いし、道元に言う。「『外国の好人、未だ弁道を了得せず、未だ文字を知得せざる在り』と。山僧、他の恁地に話るを聞き、忽然として発慚驚心し、便ち他に問う、『如何なるか是れ文字、如何なるか是れ弁道』と」（「外国から来た、志高い立派な好青年よ、あなたはまだ、道をわきまえる、修行するということを体得していないようだ。それと、文字の本来も理解していないと、私は見る。」老典座の、今の話を聞かされた瞬間、予測もしない大きな驚きが、全身をつらぬいた。高い山の絶壁から、一気に落とされたかと思った。すぐさま、私は沸き起る、高波のような胸を静めながら、「今、おっしゃった文字とはなんでしょうか。道をわきまえるという、弁道とは、どんな意味を持つのでしょう」）[*4]。

こうして道元は、料理という「煩わしい」「雑事」にとどまらず、日常のあらゆる所作・行為が、坐禅、経文の勉強同様、仏法を悟る貴重な契機となりうることを感得した。そして、帰国後、自らの弟子たちのため、仏道における料理の心得『典座教訓』まで著した。

菜っ葉の端、米一粒、研ぎ汁の一滴まで誠心誠意を籠めて扱い、調理器具、食器も同様。なぜなら、その一つ一つが「荘厳な大寺院」「お釈迦さまの大法説」[*5]と変わらないから。そうして、料理を作りながら、食べながら、この大いなる因縁、大宇宙に生まれ、生かされてあることを喜ぶ。「今吾れ幸いに人間に生まれ、而も此の三宝受用の食を作る、豈に大因縁に非ざらんや。尤も以て悦喜すべきものなり」（現在、たった今、こうして人間として生まれ、生かされて、その上、三宝が召し上がる、食事を賄わせていただく、これこそありがたい、大因縁であることよ。宇宙いっぱいに喜ぶべきであろう）[*6]。この広大無辺な大因縁にあって、「所謂、醍醐味を調うるも、未だ必ずしも上と為さず、莆菜羹を調うるも、未だ必ずしも下と為さず。莆菜を捧げ、莆菜を択ぶの時も、真心・誠心・浄潔心もて、醍醐味に準ずべし。所以は何ん。仏法清浄の大海衆に朝宗するの時は、醍醐味を見ず、莆菜味を存せず、唯だ一大海の味のみなり。況んや復た道芽を長て聖胎を養うを事は、醍醐と莆菜とは、一如にして二如無きをや」（ところで、この世で見た目のいい、一番おいしい料理を作ったとしても、これが必ず、最高というものではない。粗末な菜っ葉汁だからといって、下の下と思うのは、心貧しい人である。粗末な野菜だからといって軽んじ、いいかげん簡単に、その場限りの投げやりにあしらうのではなく、仏のおん命と思い、心から精いっぱい野菜になり切って、汚がれなく、やわらかく、ふくよかな料理、これを醍醐味、精進料理でよくいう、美菜といえよう。それはどうしてか。お釈迦さまの広大無辺な教えを慕う、多くの僧や信徒が、無私で自然と一体となった瞬間、おいしいとかまずいなどは、始めから意識、心にない。ただ、ゆったり、おだやかを味わっているのみ。大海のように。ましてや、禅道に励み、悟りは得ずとも、おいしい、まずいなどの判断、区別など、みじんもない。食は味わい、楽しむものではないから）。*7

この「唯だ一大海の味のみなり」をどのように解するか。悟りを開いた者は、すべてのものへの執着を捨てているがために、美味しいことにも不味いことにも無反応となり、何を食べても均質・単調な味しか感じない、ととるか、はたまた、たとえ粗末な菜っ葉だろうが、それを裸の真心で料理し、食べる時、そこに醍醐味に劣らぬ味を見出す、あるいは逆に、醍醐味といえども、それが「醍醐味」と称されているからそうなのではなく、その醍醐味の中にも、粗末な菜っ葉に劣らぬ純真な味が隠されているととるか。つまりは、食の悟りとは、「贅沢／質素」「美味しい／不味い」という先入観・情報に一切心を動かされず、ただ目の前に現れる食材・料理の蔵する〝力〟＝味の豊饒なることを、大因縁の中で、全く穏やかな心で堪能し、観想すること、ととるか。

おそらく、道元の云わんとするところは、後者なのだろう。少なくとも私は、後者を生きている。

5　仏教にとっての性

未だ悟りを開かぬ者にはただ「快楽」としか見えぬものを、「快楽」に淫することなく、味わい尽くしつつも止観しきること。〝快楽の瞑想〟があるとすれば、これに尽きるのではないか。「一大海の味」を、この快楽の瞑想の豊饒なることそのものと捉えたい。

おそらく人間にとって、食に劣らず、いや人によっては食以上に「快楽」をもたらしうるであろうものに、性がある。では、はたして瞑想にとって、性という「快楽」はどのように処されているのか。

例えばヴィパッサナー瞑想は、「正しい行為」として、強姦・不貞などの性的な過ちを犯さないこと、と性の倫理的に否定的な側面のみを取り上げるにとどまり、性の内実そのものに言及しない、まして性そのものを瞑想への機会とは決して捉えない。[*8] ティク・ナット・ハンは、ヴィパッサナーに比べ、もう少し踏み込んで性という問題を捉え、先に見たように、五つの〈気づきの訓練〉のうちの三番目として扱っていた。[*9] 思い出してみよう。

「〈三番目の気づきの訓練――性的責任を果たす〉性的不品行によって生じる苦しみに気づく。そして責任感を育み、個人、夫婦、家族、社会の安全と品位を守れるようになると誓う。愛情のない性的関係や、長続きさせるつもりのない性的関係はもたない。相手の幸せのためにも、自分の幸せのためにも、自分の努力、相手の努力を大切にする。子供を性的虐待から守り、夫婦や家族を性的過ちによる破綻から守るために全力を尽くす」。

ヴィパッサナーに比べれば、言及がより詳しくなっているとはいえ、やはり性の、特に倫理的に見て否定的な側面のみが取り上げられ、ではたして「愛情のある」「長続きさせるつもりのある」、「虐待」でも「過ち」でもない性的関係は、瞑想にとって如何、という問題には全く言及していない。

人間のみならずあらゆる生命体の根源とも言える生殖ないし性。別のあらゆる場面では、生命の大いなる縁起を説く教え・思想が、なぜかこと性に関してだけは、積極的な瞑想の機会と捉えるどころか、その否定的側面にしか言及しない。なぜ、性の否定的でない側面について語ろうとしないのか。そこに、私は、これら仏教思想・教義の大いなる逆説が秘められているのではないか、と思う。

この、多くの仏教思想にとって、あまりに本質的かつ根源的であるがゆえに語りえなかった性（の「快楽」）という問題、それを何よりもすぐれた瞑想の機会と捉えるものこそ、タントリズムに他ならない。

6　タントリズム、あるいは三つの〝止〟

タントリズムという、紀元後4世紀頃現われ6世紀以降インド全土で流行したこの大きな哲学的、宗教的運動の全貌をここで論じるわけにはいかないし、またそれは私の能力を大きく超え出る作業である。この、知的階層から民衆まで、インドのあらゆる文化領域、宗教・宗派にまで（仏教にさえ）大きな影響を与えた「汎インド的運動」の歴史・思想の詳細に関しては、エリアーデの『ヨーガ』、とりわけ第6章「ヨーガとタントリズム」を参照されたい。[*10] 残念ながら、私の関心と能力は、現在のテーマ「快楽の瞑想」のみに限定される。

タントリズムは、究極の目標「大楽」に至るには、身体を「神的身体」に変容させなくてはならないという。その神的身体への変容の技と知恵こそ、ヨーガ、特にハタ・ヨーガに他ならない。ヨーガは、その坐法《アーサナー》、調息法《プラーナヤーマ》と瞑想により、それなくしては滞ったり眠っている気＝生命エネルギーを目覚めさせ、解放し、調え、身体全体を精妙な気の流れの充溢＝「精微な身体」へと変身させる。ヴィパッサナーはまさに、この身体の神的身体への変容を可能にするヨーガを具現するものである。その変容の過程にあって目覚め解放される最大の気＝生命力とは、シャクティである。シャクティは、大いなる女性の力、母の力とされ、宇宙のあらゆる生々流転を司る。それは、身体にあっては、会陰部にあるムーラダーラ・チャクラに蛇のようにとぐろを巻いて眠っているとされる。クンダリニとも呼ばれる。その眠るシャクティ＝クンダリニが、大いなる男性の力、精神の観想力（それがシヴァに象徴される）――ピンガラー・ナーディと呼ばれる脊椎の左側に沿う気の導脈を通して下降する――により目覚め、脊椎の右側に沿うイダー・ナーディを通して徐々に上昇し、その途中に眠る数々のチャクラを花開かせた後、ついには頭頂にあるサハスラーラ・チャクラに達し、かくして大いなる男性の〝止〟の力（シヴァ）と女性の〝動〟の力（シャクティ）が、中央に貫通するスシャムナー・ナーディを通して和合し、「大楽」、宇宙の根源的全体性が開かれる。

また、タントリズムによれば、この神的身体への変容は、一人の瞑想する身体のみに生じるのではなく、瞑想する男女の「交接（maithuna）」としても成就されることになる。エリアーデは、ある仏教研究を引用しながら述べる。「性交は、それによって人間の男女が神聖な男女になる儀式となる。『瞑想と、その儀礼を可能にし実りあるものとする儀式とによってその儀礼（交接）を行なうべく準備した後、彼（すなわち、ヨーガ行者）は、ヨーギニーつまり彼の伴侶であり女主人である者を、或る女神の名前で、歓喜と平安の唯一の源泉であるターラー Tara の代りでありその本質そのものであると考える。その女主人は女性の全性質を統合する。彼女は母であり、姉であり、妻、娘である。愛を求める彼女の声の中に、司祭者は、男神ヴァジュラダラ Vajradhara やヴァジュラサットヴァ Vajrasattva に懇願する女神の声を聞く。このような儀礼は、シヴァ教と仏教のタントラ派の両方にとって、救い、悟りの道である』」。*11

チャクラ

この儀礼において重要なのは、「動きはすべてシャクティの側にある」、すなわち宇宙的生滅のすべては、神聖化された女性の側にあり、神聖化された男性は「タントリズムにおいて、『行動』の三次元——すなわち心、呼吸、射精——において同時に表現された不動性」[*12]がもたらす〝止〟によってそれを観相することにある。タントリズムは、呼吸、心の不動とともに、精液のそれ、すなわち射精の抑止を説く。「『空気（息）が動くかぎり、ビンドゥ〔精液〕が動く。（そして空気が）動かなくなると、ビンドゥも止る。それ故に、ヨーガ行者は空気を制御し、不動性を得るべきである。身体にプラーナ〈息〉が留まるかぎり、生命（jiva）は去らない』」[*13]。

交接がもたらす快楽の極みにあって、あえてこの三つの不動性、〝止〟を実現することにより、それを味わい尽くしつつ観想しきること、その堪能＝観想が開く「大楽」に漂い続けること、これこそタントリズムの求める「快楽の瞑想」の極致ではあるまいか。

かくして、ヨーガ行者＝瞑想者は、一人である時、そして二人である時、双方で、エロスの大いなる噴出（シャクティ）を止観し切ること（シヴァ）により、宇宙への合一を果たす。それはいわばタントラ的「弁証法」とも言うべき事態。一人である時の瞑想の深まりが、二人でのそれをさらに深め、逆もまた真。そうして、絶えず深めあう瞑想のスパイラルが、ヨーガ行者＝瞑想者の中に描かれ続けていく。孤独であることの絶対的探求と、他者との絶対的融合。この両極とも見える体験が、共創しあうという、この摩訶不思議な「弁証法」。これこそ、タントリズムの〝秘技〟であろう。

「快楽の瞑想」は可能か？　例えばティク・ナット・ハンや道元は、食という快楽において、然りと説いた。しかし、多くの仏教は、「性」という、この生命の大海の源がもたらしうる快楽については固く口を閉ざした。のみならず、性は、瞑想を最も攪乱する危険、魔として、忌避され、抑圧された。が、タントリズムは、その仏教のタブーを打ち破る。[*14] 生命の根源である性こそ、その快楽の瞑想こそ、悟りへの大いなる道だと言う。タントリズムの汎瞑想は、（少なくともこの点で）大方の仏教よりラディカル（急進的かつ根源的）である。

【註】

1　その後、さすがに、この「本物」のシミュラークル性に〝目覚め〟る者たちが出てきて、食材としても料理としても、徐々に食の脱シミュラークル化がはかられた。しかし、今なお、圧倒的多くの者にとって、口腔内の状況は、バブル時代と何ら変わりなかろう。

2　ティク・ナット・ハン、前掲書、194‐195ページ。

3　ブリア＝サヴァラン『美味礼讃（上）』、関根秀雄・戸部松実訳、岩波書店、1967年、23ページ。

4　道元、『典座教訓』、藤井宗哲訳・解説、角川学芸出版、2009年、95‐98ページ。

5　同書、56ページ。

6　同書、150ページ。

7 同書、121-123ページ。
8 第2章、50ページ参照。
9 第3章、88ページ参照。
10 エリアーデ『ヨーガ 2』、せりか書房、1975年、7-119ページ。
11 同書、86-87ページ。なお、『 』内の引用文は、La Vallée Poussin, *Bouddhisme: Etudes et matériaux*, p.135からの引用。
12 同書、86ページ。
13 同書、71ページ。なお、『 』の引用文は、経典『ゴーラクシャ・サンヒター』からの引用。
14 もちろん、非常に数少ないとはいえ、ある種の仏教（『理趣経』など）は、この「タブー」をあえて犯し、タントリズム的アプローチをしているのを知っている。

第5章　汎瞑想とエコヴィレッジ――〝もう一つの〟文明への闘い

1　エコヴィレッジの方へ

汎瞑想とは、畢竟、一人であるとき、二人ないし複数の人とあるとき、また自然とともにあるとき、生命＝エロスの縁起の織りなす「一大海の味」を堪能＝止観しきること、にあろう。それは、だから、まさに「エコ／エロゾフィ」の実践である。「環境・社会関係・主観性」あるいは「ソイル・ソウル・ソサエティ」の「三位一体」の只中で、〝もう一つの〟文明の可能性を模索する実践である。そして、その精神的実践を、新たな、来るべきコミュニティ創造の実践へと変奏・展開したものこそ、エコヴィレッジ、少なくとも私の理解する限りでのエコヴィレッジに他ならない。

エコヴィレッジとは何か？　まず、教科書的理解から始めよう。ある古典的論文はこう定義する。「ヒューマン・スケールで、生活に必要な十分な装備のあるコミュニティで、人間の諸活動が自然の世界を害することなく統合され、人間の健康な発達を促進し、限りない未来に向けて持続的に繁栄するコミュニティ」[*1]である。敷衍すると、まず、「ヒューマン・スケール」なコミュニティとは、すべてのメンバー

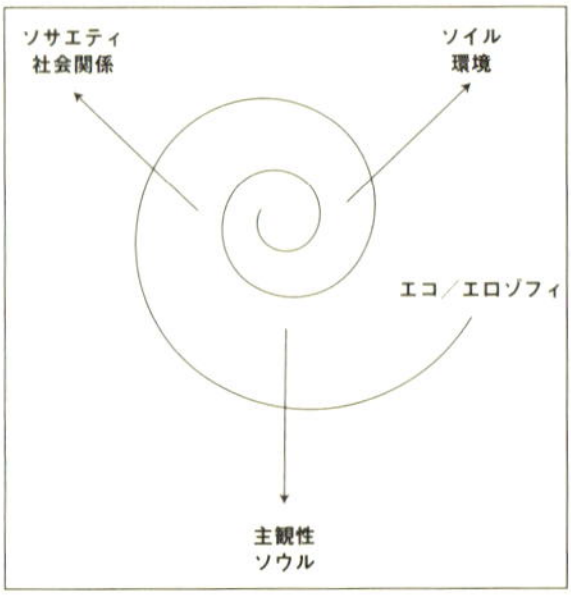

エコ／エロゾフィ

同志が知り合いで、個々人がコミュニティ全体の意思決定に関与できているという実感が持てるようなコミュニティを意味する。それはおよそ５００人程度を上限とするという。「生活に必要な十分な装備のある」とは、住居、食料、製造業、余暇、社交、商業活動など、日常生活を普通に送るのに必要なあらゆる機能が満たされている、ということである。しかし、それは、そのコミュニティが社会的に孤立していることを意味せず、一部のメンバーは、外に仕事をもち、あるいは外に居住する者たちがコミュニティ内に働きにくるようなそんな半ば開かれたコミュニティである。「人間の諸活動が自然の世界を害することなく統合され」とは、まず何よりも、人間の世界と他の生命の世界が平等ということであり、また、資源の循環的利用を行う、すなわち再生可能なエネルギー（太陽光や風力）を使用し、有機物のゴミを堆肥として利用し、汚水をリサイクルし、自然に有害な物質の利用を避ける、ということである。「人間の健康な発達を促進し」とは、人間の生活のあらゆる位相（身体的、情緒的、心理的、精神的）において全体的にバランスのとれた発達を促し、しかもそれが単に個々人の生活のみならず、コミュニティ全体の健全な成長にもつながる、ということである。最後に「限りない未来に向けて持続的に繁栄する」とは、いわゆる「持続可能性」を意味する。

〝もう一つの〟文明を志向するエコヴィレッジは、世界で現在１万５千余りに上るという。[*2] 増え続けているという。私は、エコヴィレッジを理論的・実践的に学ぶために、妻と　歳に満たない娘とともに（なぜなら彼女たち自身の未来がかかっているから）、一昨年から昨年にかけて、1年間の「エコヴィレッジ・デザイン・エデュケーション」（略称ＥＤＥ）プログラムに参加した。[*3]

ＥＤＥは、国連の「持続可能なための教育の10年」で重要な位置を占めるカリキュラムである。那須塩原にあるアジア学院という、日本としては大変ユニークな学校（キリスト教の精神に基づき、アジアやアフリカなどの農村地域のＮＧＯから草の根的に働く農村開発従事者を招き、自国のコミュニティの自立を目指す指導者を養成する学校。１９７３年創設）の施設を借りて、毎月1回2泊3日で行われた。第1回「オリエンテーションとエコビレッジ概論」から始まり、第2回「社会」、第3回「経済」、第4回「世界観」、第5回「食と健康」、第6回「環境」と、各視点からアプローチし、専門家の講義により理論的に、数々のワークショップにより実践的に、エコヴィレッジとは何か？　なぜエコヴィレッジなのか？　どのようにエコヴィレッジをつくるのか？　を学んでいく。第7・8回は、「実践地での学び」として、国内のエコヴィレッジをいくつか訪問し、実践者たちとの対話やフィールドワークを行う。そして最終回は、「エコビレッジ総合デザイン」と称して、実際に今後どのようなエコヴィレッジを創っていきたいか、自らデザインし、発表する。講師・ファシリテーター陣も、多様かつ豊か。第1回「エコビレッジ概論」――古橋道代（グローバル・エコビレッジ・ネットワーク・オセアニア&アジア・日本大使）、森良（ＮＰＯ法人エコ・コミュニケーションセンター代表）、第2回「社会」――榎本英剛（The Coaches Training Institute ジャパン創立者ＮＰ

O法人トランジッション・ジャパン共同創設者）、廣水乃生（コミュニティ・ファシリテーション研究所代表、EDE運営委員）、第3回「経済」——田中優（未来バンク事業組合理事長、天然住宅共同代表）、鎌田陽司（NPO法人懐かしい未来代表理事、EDE運営委員）、第4回「世界観」——内山節（哲学者、NPO法人森づくりフォーラム代表理事）、廣水乃生、第5回「食と健康」——三谷五一（頭蓋仙骨調整の施術者、EDE運営委員）、林悦子（日本エコビレッジ推進プロジェクト、EDE運営委員）、風かおる（有限会社ガイアコミュニティ代表、EDE運営委員）、第6回「環境」——糸長浩司（日本大学生物資源科学部教授、NPO法人パーマカルチャー・センター・ジャパン代表理事）、藤村靖之（非電化工房、発明起業塾主宰）。そして、「実践地の学び」として、第7回は、富士宮にある「木の花ファミリー」、第8回は、選択制で私は神奈川県藤野（トランジッション・タウン藤野など）と千葉県鴨川（鴨川自然王国など）の実践を訪問した。

講義のテーマは、以下の通り。第1回——「エコビレッジの紹介と目指す未来」「エコビレッジをデザインするために大切なこととは？」（古橋）、「地域におけるコミュニティづくり」（森）、第2回——「トランジッション・タウンの背景——何故今、トランジッション・タウンなのか？」「トランジッション・タウンの哲学と実際」「地域通貨と資源マップ」「多様性とリーダーシップ」（榎本）、「人間関係が与えてくれる豊かさ」「対立のファシリテーション」（廣水）、第3回——「伝統知と開発・発展」「グローバルからローカルへ」（鎌田）、「グローバル経済の誘因を読み解く」「エネルギー問題の解決策」「おカネを利用した解決策」（田中）、第4回——「大地の心理学1／2」（廣水）、「日本のコミュニティの伝統知とは

1／2／3」（内山）、第5回「自分、地球、コミュニティにとっての健康とは？」（三谷、林）、「ホリスティックな食の在り方」「命をいただく――ホリスティックな食の実践」（颪）、第6回「建築と環境のエコロジカルデザイン」「生態地域とエコビレッジのデザイン」（糸長）、「非電化工房について」（藤村）。〝もう一つの〟文明を考えるのに、真に多彩かつ豊饒であった。

2　生命のコミュニティ

私は、EDEで、エコ／エロゾフィの「三位一体」について多くを学んだ。なかでも（三位一体なので分ち難いが）、あえて言えば「社会関係・ソサエティ」についてとりわけ学んだ。しかし、その学びは、講師たちが語る知識や情報もさることながら、それ以上に、EDEという生きているコミュニティ――受講者20数人と運営スタッフ10人ほど（毎回出入りがある）――が、毎回作り上げていくコミュニティを生きる体験にこそ、あったと言えよう。

参加者たちは、このコミュニティをいかに生きたのか？　そして今なお生きつつあるのか？

講義以外に、ファシリテーターたちは、数多くのワークショップ、ダイアローグの時間を設けていた。サークル、ワールド・カフェ、オープン・スペース・テクノロジーといったダイアローグの場から、踊り、歌、マッサージといったボディ・ワークまで（「画鋲のワーク」まで！）[*4]あった。それらは、言語的にも感覚的にも、各自の、そしてコミュニティとしての潜在力、想像力、生命力を引き出そうとする仕掛けであった。私たちは、それらの仕掛けに乗りつつ、自らの、コミュニティの〝力〟の湧出を探りあっていた。探りあいは、しかし、ここかしこと小さな共創を目覚めさせながらも、どこかしら「表層的」な、社会一般のハビトゥスから抜けきれていない発想や表現であったように思う。

プログラムが終盤に差し掛からんとする頃、東日本大震災、そして福島第一原子力発電所の大惨事が起きた。その後――開催がしばし延期された――、初めて一堂に会した時（「実践地の学び」で、富士山麓のエコヴィレッジ「木の花ファミリー」にいた）、皆の言葉の深み、話し・聴く深みが、まるで違っていた。[*5] 各自が、この未曾有の異常な状況を、体の、心の芯で受け止め、受け止めきれず、その奥深い危機から、辛うじて紡ぎ出そうとする言葉、いや言葉にすらならず、呟き、呻き、嗚咽を絞り出し、それに皆が耳を澄ました。それは、まさに、生命が――自分たちの、そして子孫たちにつながるはずの生命の大いなる縁起の網が、断ち切られるやもしれぬ恐怖、放射能という、遺伝子のらせん網を破壊する反-生命への恐怖から、生じていた。エコヴィレッジという、生命＝エロスを謳歌するはずのコミュニティ作りが、まさに反-生命の容赦ない切先によって、絶体絶命の状況に陥っていた。

EDEワークショップ風景

だが、その個人としての、コミュニティとしての、絶対的危機の共有から、徐々に、EDEを、自分たちが自分たちの手で作り上げるべき、〝来るべき〟コミュニティとして自覚しあい、それに向けて再始動しようという気運が生まれていった。この反‐生命の脅威の只中で、いかに生命のコミュニティを作り上げていくか、それはまず、今後の開催場所に関する切実な議論——自分の（未来の）子どもの生存を考えると那須では開きたくない者たち（私もその一人であった）と、那須でこそこうした脅威と闘いつつ開くべきと主張する者たちの——から始まり、やがては、これまで緩やかながら一応存在した「運営スタッフ」と「受講者」間の「能動／受動」という関係性が崩れていき、いつの間にやら両者が相まみえて、自主的に開催プログラムを作成し、実施に移していった。そして、いくつかの候補地から、結局、ある者が推していた千葉県館山の施設を選び、そこで準備の合宿会合と、最終回が行われることになった。

最終回は、この生命のコミュニティにふさわしいエロス的盛り上がりと、誠心誠意の話し合い・聴き合いがなされた。中でも、館山の浜辺での、夕陽に臨んだ集いは、エコ／エロゾフィ的にも特別な時間であった。

これには、逆説的な（?）前置きがある。第4回に、文字通り「全生命の集い」というワークがあった。ディープ・エコロジーでは有名なワークだそうで、自然のなか、各自、人間以外の何か生命（体）を選び、それにチューニングし、なりきった体験の後、その体験を表現する仮面を作り、その仮面をかぶったまま車座になり、「長老」とされる主宰者の「最近、人間たちがわれらの世界を脅かしておる。今日

EDE「全生命の集い」

は、みなの声を聞くために集まってもらった。みなの想いを語り合おうぞ」という口上の後、各自が、なりきっている生命（体）の、人間へのメッセージを語り、歌い、踊る、というワーク。私は、「太陽」になりきり、舞った。多くの者が、コトバで、メッセージを発した。それらは、真摯なコトバであったが、私には「人間」のコトバにしか聞こえなかった。「人間」以外の生命になりきれていなかった（私の舞いもそうだったかもしれないが）。

「集い」を終えた後、「人間」以外の生命になりきり表現していた一女性が、「みんな、嘘つき！」と、泣き叫んでいた。その叫びが、突き刺さった。

それから半年後、館山の浜辺。誰からともなく、浜辺で夕陽を見ながら、最後のコミュニティ・タイムをしようということになった。皆で浜に着く。一人また一人と、着衣のまま、海に入っていく。子どものように、海を楽しんでいる。ずぶ濡れだ。上がる。沈みゆく夕陽を浴びながら、少し小高い草地に、サークルを作る。地形が不規則なので、サークルもまた不揃いだ。夕陽に染まりゆく広大な空、波打つ海を背に、一人また一人と、砂のステージで、この、生命のコミュニティへ、宇宙の全生命へ、最後のメッセージを、歌い、踊り、語った。合間に、ただただ、海を、空を、夕陽を、見つめる。瞑想する。これこそ、本当の意味での、真実の「全生命の集い」。「一大海」の汎瞑想。

ＥＤＥは、これをもって、「一応」終了した。修了証すらもらった（皆勤賞の娘ももらった）。だが、それは「終わる」どころか、〝始まって〟いる。「運営スタッフ」「受講者」相まみえて、完全に自主的に始まっている。先日の、「終了」して初めてのポストＥＤＥの集まりには、多くの者が馳せ参じ、夜から翌日の夜までぶっ通しで、語らい、興じたという（私は、娘を連れて早々に帰らなくてはならなかった）。

ようやく、本格的に緒に就いたコミュニティ作り。この「生命の集い」は、今後、どのようなエコ／エロゾフィを実践し、創造していくのだろうか。

3　自然農法・自然食へ

ＥＤＥで、私は、「環境・ソイル」についても多く学んだ。再生可能な自然エネルギー利用の各種試みについて、循環型の資源（再）利用の仕組み・装置について、有機農法・自然農法について、学んだ。それらはすべて、人間圏の、生命圏への再接続の試み――自然を搾取・収奪し、破壊し、浪費し、汚染する代わりに、人間の、自然への宿命的壊乱（人間という生命＝反‐生命の〝矛盾〟。第１章参照）を最小限にとどめ、生命圏の循環システム＝縁起の網を可能な限りシミュレートしつつ、そこからの恵みを最大限享受しながら、それに再接続する試み、と言えよう。その詳述は、専門家ではない私の能力を超えるので、専門家たちに任せよう。ここでは、エコ／エロゾフィ的汎瞑想論を、さらに深めるべく、この再接続の一つの究極を見てみたい。福岡正信の「自然農法・自然食」である。

それは、「何もしない農法」である（「三十五年の間に、私はただひとすじに、何もしない農法を目ざした」）[*6]。四大原則――1不耕起、2無肥料、3無農薬、4無除草。

福岡正信

「第一は、不耕起です。田畑は、耕さねばならぬものというのが、農耕の基本ですが、私は敢えて、自然農法では、不耕起を原則としました。なぜなら、大地は、耕さなくても、自然に耕されて、年々地力が増大していくものだとの確信をもつからです。即ち、わざわざ人間が機械で耕耘しなくても、植物の根や微生物や地中の動物の働きで、生物的、化学的耕耘が行われて、しかもその方が効果的であるからです。

第二は、無肥料です。人間が自然を破壊し、放任すると、土地は年々やせていくし、また人間が下手な耕作をしたり、略奪農法をやると、当然土地はやせて、肥料を必要とする土壌になる。しかし、本来の自然の土壌は、そこで動植物の生活循環が活発になればなるほど、肥沃化していくもので、作物は肥料で作るものだとの原則を捨て、土で作るもの、即ち無肥料栽培を原則とします。

第三は、無農薬を原則とします。自然は常に完全なバランスをとっていて、人間が農薬を使わねばならないほどの病気とか害虫は発生しないものです。耕作法や施肥の不自然から病体の作物を作ったときのみ、自然が平衡を回復するための病虫害が発生し、消毒剤などが必要となるにすぎない。健全な作物を作ることに努力する方が賢明であることは言うまでもないでしょう。

第四は、無除草ということです。草は、生えるべくして生えている。雑草も発生する理由があるということは、自然の中では、何かに役立っているのです。またいつまでも、同一種の草が、土地を占有するわけでもない、時がくれば必ず交替する」*7。

こうして、「近代的」農法——機械で耕し、化学肥料と農薬をふんだんに撒き、除草し尽くした田畑と同じないしそれ以上の収量を得る。しかも、限りなく安全で美味な作物を得る。「近代的」視点からは、「無謀」かつ「不可能」なはずの、奇跡的農法。

そして「自然食」。それは、自然農法と表裏一体。「私の自然食に対する考え方は、丁度自然農法の場合と同じである。真の自然、即ち無分別の智によって把握される自然に順応するのが自然農法であったように、真の自然食というのは、無分別の心で、自然に得られる食物や自然農法による農産物、自然漁法による魚介類などを、無作為にとる食事法といってよかろう」*8。

無分別の智。人間の智は、分別と無分別の二つに分かれるという。古今東西を問わず、大方の智は、分別の智で、宇宙・自然を区分けし、分類・分析し、再構成して理解しようとする。無分別の智は、宇宙・自然を丸ごと、ありのままに直観し、享受する智である。「自然の本態、すべてを知ろうとすれば、分別の心を捨て、無分別の心で、相対の世界を超えて、自然をみるしかない。自然を無分別の心でみると、本

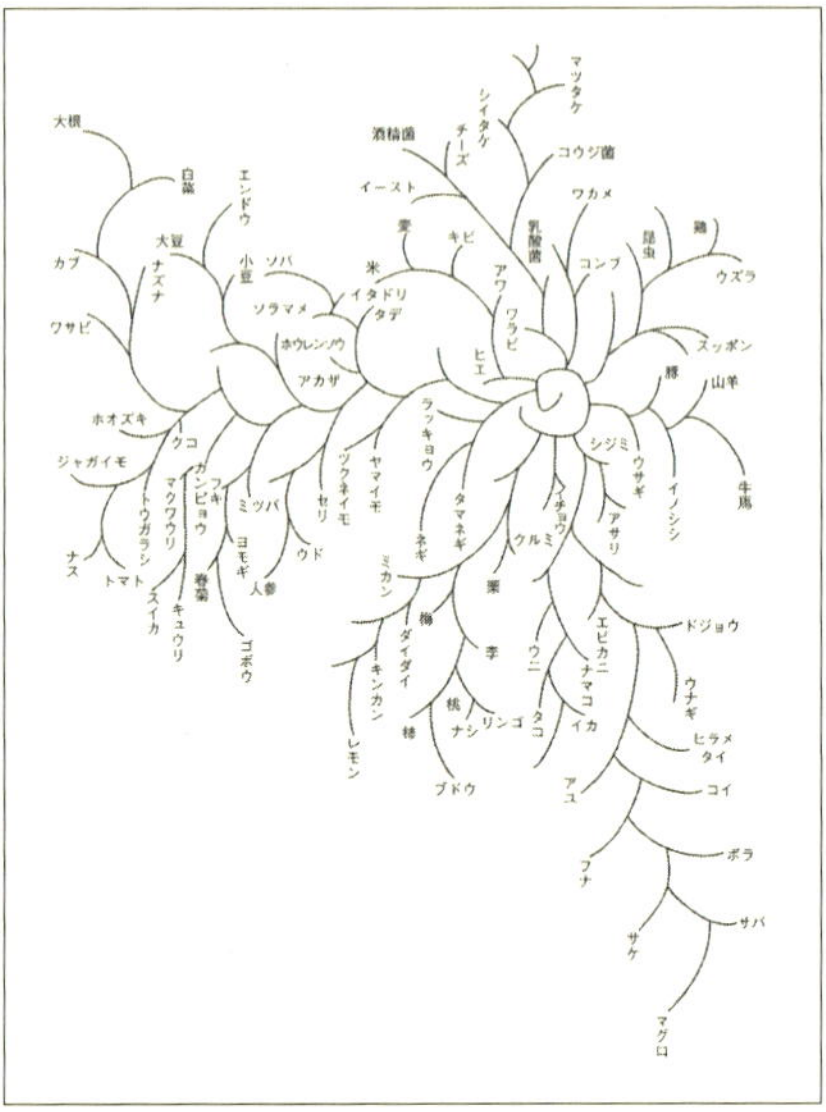

福岡による「食物のマンダラ」
（福岡正信『[自然農法] わら一本の革命』春秋社、1983年より）

来東西なく、四季なく、陰陽もなしということになる」。*9

福岡は、易経、陰陽思想に基づき、玄米菜食を基本とする「正食」、「マクロビオティック」をも、分別の智に依るとして、超克するよう勧める。「陰陽は解説であり、羅針盤にはなるが最終目標を提示するものではない。陰陽二元が根元の一元に帰するまでのものであって、陰陽を超えた世界に入れば、自ずからその使命を消失する。すなわち真の自然食に到達するまでの収縮・凝結した食事をとるために役立つ原理といえる。しかし人間の究極の目標が、相対界を超えた自由な世界に遊ぶことであると知れば、相対的な原理に執着し低迷することは許されない」。*10

そして、自然食、「本当の味」とは如何。「おいしいものが食べたくなったら、食卓に御馳走を並べるより、先ず、まずいものを食べることである。おいしいものを食べたいなんて言わなくなったとき、本当の味があじわえる。御馳走を真に御馳走にすることができる」。*11 まさに、道元の「一大海の味」。

そして、食物のマンダラを描く。「この動植物の発生系統図は、そのまま自然のマンダラと言ってよい。悟境に住む者からみれば、この世の一切の動植物は何ら分別する必要もなく、一切のものが、法悦界の妙味、御馳走となるわけである。ただ残念ながら、自然から離脱した人間のみは、この自然の饗応を素直に享受することができない。きびしい自己滅却をなしえた者のみがはじめて、自然の全恩寵を受けることができるのである」。*12

まさに、生命の縁起の網。その恵みを、分別する心なく、ありがたく頂くこと、それこそ、自然食に他ならない。

これこそ、食べるメディテーションの醍醐味。瞑想により「自己滅却」を遂げた者のみが味わえる「法悦界の妙味、御馳走」である。エコ／エロゾフィ的食・農の究極の形と言えよう。

4 〝空〟なるコミュニティは可能か？

こうして、「自然農法・自然食」のなかで、無分別の心による自然の恩寵の享受と、瞑想の探究による自己滅却の法悦が相即する。色即是空、空即是色。

ところで、ＥＤＥでも、エコ／ェロゾフィの三つ目の領域「主観性・ソウル」が、講義としてワークショップとして探究された。いわゆる瞑想もまた、断片的になされたが、主題ではなかった。いや、多くの者が、すでに個人的に日常として実践しているらしく、あえて主題にする必要がなかったのかもし

出羽三山修験道

れない。瞑想的なものは、通奏低音のように、絶えず流れていた。
内山節は、講義で、日本的精神性について語った。彼によれば、よく日本人においては「個」の確立が弱いと言われるが、そんなことはない、それは「水平的な他者に対し自己の違いを主張する」西洋の「個」と異なり、「『自分を極める』というところへいく。悟りを得ようとしたり、職人が技を磨くように、自分を垂直に掘っていく」ことにあると言う。*13

日本では「『私』を持っているためにろくな生き方ができないと考える。悲しき存在としての人間があり、悲しくないものは自然である。日本の人たちが見出した真理が『おのずから』だった」。「私」という垢をとり、自然＝「おのずから」と一体化する、そこに山岳信仰が生まれ、修験道が生まれた。山を歩き、滝に打たれ、それまでの「私」と別れる＝〝死〟。そして、山の「おのずから」と一体化し、〝再生〟を遂げる。そうした無私＝「おのずから」の求道こそ、日本的「個」の在り方だと、内山は言う。

私もまた、この求道を、出羽三山の修験で試みたが、その詳細は別の機会に譲ろう。ここでは、〝もう一つの〟文明を開くかもしれないエコヴィレッジのさらなる可能性を探るため、内山が、そしてEDE全体もなぜか触れなかった、もう一つの日本的求道の形を見てみたい。茶道である。

といっても、それは家元制などで形骸化したそれではなく、例えば茶道の思想家、久松真一云うところの「わび茶」としてのそれである。「『わび茶』は禅を禅院から在家の露地草庵に、禅僧を居士としての茶人に脱化して、そこで禅院や禅僧にはできなかった庶民的禅文化を創造したものであるといえると思うのであります」。*14

禅をこうして庶民の生活へと解放し根付かせたわび茶は、しかし、単なる粋人の芸事の一つなどではなかった。それは「新生活様式」、しかも「綜合的な」生活様式でさえあった。「すなわち利休は庶民的禅文化を形成し、庶民をしてそれに参ぜしめ、新しい様式の生活を創造したのであります。茶道は新生活様式でありまして、その中には日常生活がすべて綜合的に包括されているのであります。人間の生活の低い所から高い所まで全部含んだという点で、茶道は普通の芸道とか、あるいは文化とかいうものとはよほど違った性格のものだろうと思います」。*15

そして、その「わび」的生活様式とは、何よりも「物を持たないのを生かす」、「無を生かす」生活様式であった。「侘茶人というものは、物を持たないのを生かすというところに非常に大きな意義があると思うのであります。〔中略〕いわば無を生かす、あるいは無が生きた無であるところに大きな意義があると思います。〔中略〕そこまで深く考えなくとも、とにかく、家を建てるにしても金もないし、よい材料もないから、そこら辺から有り合せのものや廃物を集めてきて、ほんの膝を容れるに足るような粗末な小屋を建てる。その小屋の建て方や、有り合せの資材の用い方や、空間の利用の仕方をよく考える。露地ならば、狭隘な土地をどう生かしてゆくか、その生かし方を考える。どう生かすか、その生かし方に侘の問題があるわけであります」。[16]

私たちは、このわび的生活様式の現代的残響を、例えば坂口恭平の描く現代日本の「ホームレス」たちの「0円ハウス0円生活」[17]に、あるいは毛利嘉孝が提唱する「Ｄ・ｉ・Ｙ」的文化・生活[18]に聴くことができるかもしれない。しかし、久松の言う「新生活様式」としてのわび茶は、単に生活の「スタイル」に留まらない。それはまた、禅の精神の具現でもある。「茶道の第一の目的は人間形成であった。そして、このような人間形成が茶道文化を生んだのであります。無相の自覚が形に現われてくる、その現われたものが茶道文化である。〔中略〕無相の自己が浸透していないような茶道文化はない、茶道文化には必ず無相の自己が浸透しておるのであります。すなわち、茶道文化は無相の自己のインカーネーションであります」。[19] 新生活様式を生きるわび茶人は、物を持たない、物の所有への執着が無いだけではなく、瞑想により自己を空無化しているような何者かなのであり、茶道とはまさにそうした無所有・無相の自己が自らを具体化《インカネート》・化身する art of living に他ならない。

この、汎瞑想的文化、汎瞑想的 art of living を、現代の文脈、エコヴィレッジ的文脈に再生できないだろうか。〝空〟なる者たちが、〝空〟なるままで、互いの〝空〟を交響させるようなコミュニティ。モノや記号への執着を捨て去り、「私」という垢を洗い流した者同士が、自分たちの〝空〟を、「おのずから」溢れる生命と合一させるようなコミュニティ。エコ／エロゾフィの「三位一体」の求道が、個人として、またコミュニティとして、〝自然《じねん》＝空〟へと収斂、昇華するようなコミュニティ。日本型（?）エコヴィレッジ？　〝もう一つの〟文明を形作る一つの「わび」的可能性？　夢物語か？
いや、そんなことはない。私たちはすでに、プラム・ヴィレッジで、それがある程度実現されていることを見た。「日本」的禅ではないが、「ヴェトナム」的禅の精神により、コミュニティが成っていることを見た。いや、確かに、精神は「ヴェトナム」的で、（尼）僧の半数以上はヴェトナム人らしかったが、コミュニティ自体は、世界のあらゆる国々からやってきた人々が作る、真にコスモポリタンなコミュニティだった。国籍、人種こそ多様なれど、彼（女）らは、禅道を実践し、坐る時のみならず、歩く時も、食べる時も、労働する時も、シャワーを浴びる時も、おそらく用を足す時すら、瞑想していたのであった。まさに、汎瞑想のコミュニティであった。
しかし、である。それは、完全には〝空〟なるコミュニティではなかった。おそらくは、そう標榜しているにもかかわらず、その〝空〟は、〝あるもの〟に半ば満たされていた。「ティク・ナット・ハン」である。彼のカリスマ性、そして――全員ではないだろうが多くの者の――帰依、信仰である。無分別の心ではなく、唯一人だけを「特別」視する心が、領していた。それは、（否定的な意味で）半ば「宗教」的なコミュニティだった。[*20]
カリスマ性を持つ唯一のペルソナに、個々人の無我が帰依、物神化することなく、〝空〟なるままで、自らを生成していくコミュニティなど、可能なのだろうか？　それこそ、私がEDE以後、求めていきたいものに他ならない。〝もう一つの〟文明のために。

【註】

1 Robert Gilman, “The Eco-village Challenge”, Living Together, Summer 1991 (http://www.context.org/ICLIB/IC29/Gilman1.htm から引用・拙訳)。以下の敷衍も同様。

2 以下に紹介するエコヴィレッジ・デザイン・エデュケーションのサイト（http://www.ede-japan.org/）より。

3 詳しい内容に関しては、右記サイトを参照されたい。

4 画鋲が敷き詰められた床を、二人一組になり、一人が目隠しし、もう一人が導くという、危険な（?）ワーク。

5 私は、同様の“深まり”を、他の対話の場面でもしばしば感じた。各自が、この前代未聞の危機を、まさに自分の問題として感じ、思考していると感じた。もちろん、相も変わらず、「表層的」にしか話していない／聴いていない輩も多かったが。

6 福岡正信『自然農法 わら一本の革命』、春秋社、１９８３年、19ページ。

7 同書、46-47ページ。

8 同書、１９６ページ。

9 同書、１９４-１９５ページ。

10 同書、１９５ページ。

11 同書、１９５-１９６ページ。

12 同書、１９９ページ。

13 内山の講義の記録による（先述のＥＤＥのサイト参照）。以下の修験道に関する説明も同様。なお、記録者が断っているように、文言は内山の発言に完全に忠実とは限らない。

14 久松真一『茶道の哲学』、講談社、1987年、15ページ。

15 同書、16ページ。

16 同書、19ページ。

17 坂口恭平『TOKYO　0円ハウス0円生活』、大和書房、2008年。

18 毛利嘉孝『はじめてのDiY』、ブルース・インターアクションズ、2008年。

19 久松、前掲書、46－47ページ。

20 この、個々人の〝空〟への、「無我」への修行が、自然への無分別な合一に向かわず、代わりに超絶的カリスマ＝グルの邪悪なペルソナの「我」へと一体化し、絶対的に帰依する時、例えば、オウム真理教のようなコミュニティが生まれる。

おわりに

そこには、何もなかった。いや、ずたずたに引き裂かれた建物の叫び、くしゃくしゃに押しつぶされた車の呻き、泥にまみれた「日常」の品々のすすり泣き、そして、すでに生い茂りはじめている雑草の逞しさ、以外の何もなかった。

私は、津波が根こそぎ削り奪い取った、限りなく無惨で、限りなくあからさまな地面に、立っていた。人間たちが、何十年、何百年、何千年と、自然とともに生き、搾取もしながらであろう、培い、作り上げてきたモノたち、生活、文化を、自然の、海の情け容赦ない力が、押し流し、削り取り、粉砕し、一掃した、あまりに露骨な大地に、私はただただ呆然と立ち尽くしていた。

「リアルなもの」が、剥き出しになっていた。

私は、立ち上げつつあるNPO[*1]のメンバーたちと、東北の被災地を巡り、現地の住民、ボランティアのキーパーソンに会い、話しを聞き、これからこれら東北の地で、共に何ができるか、何をしなければ

陸前高田市（2011年3月15日）
（写真提供：共同通信社）

ならないか、何をしたいか、話し合っていた。

各々の地で、各々の人が、悩み、模索し、行動していた。行政の無理解、非協力に憤り、仮設住宅コミュニティ間のディスコミュニケーションを嘆き、被災者のボランティアへの依存を批判し、にもかかわらず、苦境を何とか乗り越えようと、果敢に各々が行動を起こしていた。

仮設の住民たちの交わりを活性化し、彼らの要望を集約し、行政と渡り合う自治会長。被災直後から自分たちの家を自分たちで建て、畑と田圃を作り、自給自足を実現している村のリーダー。島に住み込み、保守的な島民たちの派閥間に対話を起こそうと腐心しているボランティア・リーダー。

なかでも、陸前高田で出会った人々が企てつつある行動は、群を抜いていた。「とんでもないこと」を仕出かそうとしていた。

現地のドライビング・スクールの社長、元市議会議員、東京から出向している女性たちが語った、現に実践しつつある計画は、まさに「日本の大転換」の嚆矢ともなるべき、「とんでもない」計画であった。

それは、端的に言って、陸前高田全体を住民たち自身の手で（エコヴィレッジならぬ）「エコタウン」にする構想だった。しかも実に具体的かつ文明史的視野を有していた。

その名も「なつかしい未来創造」。*2「なつかしい未来」とは、スウェーデンの環境活動家、ヘレナ・ノーバーグ＝ホッジ（最近話題となった映画『幸せの経済学』の監督でもある）が、ネパールのラダック村の（「先進国」からみれば）「懐かしく」映る生活に、人類のあるべき未来を探った書『懐かしい未来　ラダックから学ぶ』から発想を得ている。

その構想の基本コンセプトは、「地域の信頼の絆と自立の誇り、伝統、そして豊かな自然を基盤とした共感と対話の場をつくり、多くの対話から生まれてきた市民の智慧と自然の資本をかたちにしていく活動を通じ、陸前高田の地域資源の特性を生かした産業復興を地域主体で創造していく」というものだ。これら「自然資本」「伝統資本」「信頼と誇り資本」を最大限活用し、八つの事業を立ち上げようとする。①自然資本タウン事業、②なつかしい未来商店街事業、③伝統技術革新事業、④グリーン・サービス事業、⑤防災メモリアル公園事業、⑥ソーシャル・サービス事業、⑦ＩＣＴ事業、⑧けせん社会起業家育成事業。そして、10年間でのべ５００人の雇用を生み出そうとするインキュベーション事業でもある。最終的には、千年後を見据えて「なつかしい未来」を創造していくという文明史的視野までもつ。

それぞれの事業の主な内容は、①バイオマス発電・熱利用、生ごみ・下水汚泥メタン発酵、太陽光発電、焼却炉ゼロ・ゼロエミッション、新たなライフスタイル提案プロジェクト。②食の伝統の継承プロジェクト、子ども・学生のたまり場、陸前高田産品販売、オープンキッチンプロジェクト。③農業の復活、気仙大工と太鼓プロジェクト、醸造技術研究・製品展開、森の学校。④カーシェアリング＆コミュニティタクシー、漁業・農業・林業体験ツアー、バンガロー建設・運営、第一次産業とけせんブランド開発。⑤被災記憶継承プロジェクト、防災教育・研究。⑥復興カフェ、フェアトレードタウン。そして、⑦は、他の事業を支え、発展させるためのＩＣＴを活用した基盤作りであり、⑧は、そうした事業を担いうる次世代を育成する。

まさに中沢新一の言う「第八次エネルギー革命」、しかも（紙数の関係でこれ以上詳述できないが）「エネルゴロジー」的にもいたって具体的な提案であり、さらにそれを新しいコミュニティ作り、新しいライフスタイルの創造にまで展開している。脱帽ものである。彼らは、これを、復興作業も遅々として進まず、想像・創造力にも欠けた国・地方行政と格闘しつつ、あくまで「地域主体」、市民主体的に行っていきたいと言う。

今のところ（震災後半年あまり）、ここまで大胆かつ実践的な変革のプランは、（私の知る限り）被災地でも例外的だ。だが、今後、おそらくはこのプランに刺激され、あるいは独自に、他所でも小さな大きな「変革＝再創造」のプランが、市民の頭と手により生み出されてこよう。いや、被災地に限らず、日本の他の地域でも、芽生えてこよう。現にもう、ここかしこ芽生えている。

それら、〝もう一つの〟生活・社会を作り出そうとする「変革＝再創造」の胎動が、さらに共振・共鳴しあい、やがて大きな文明史的転換の交響するうねりとなる、その環境作りを、先の立ち上げつつあるＮＰＯが目指す。少なくとも、私は、その環境作りを、「エコ／エロゾフィ」の三位一体の視座から行っていきたい。自然環境、社会関係のみならず、精神性の領域においても、実践していきたい。かつて、資本主義へのオルタナティヴを思想的かつ実践的に提示しえたにもかかわらず、精神性の変革の不徹底から、結局は無惨かつ怪物的な権力・暴力システムへと堕落しきった共産主義の轍を踏まぬためにも、「文明の大転換」にあって、それを人類に真に根付かせ、個々の実存、コミュニティの深みから実現させるためにも、精神性の変革＝再創造は急務となろう。

私が、「汎瞑想」を提案する所以である。

【註】

1　特定非営利活動法人ミラック。

2　以下の記述は、なつかしい未来創造株式会社から提供された「なつかしい未来創造事業構想」の資料による。

文献案内（本書に直接・間接に関係したもののみ）

瞑想について（本書のテーマ「汎瞑想」の視点から）

井上ウィマラ『心を開く瞑想レッスン』、大法輪閣、2003年。

ミルチャ・エリアーデ『ヨーガ1』（エリアーデ著作集第9巻）、立川武蔵訳、せりか書房、1978年。

ミルチャ・エリアーデ『ヨーガ2』（エリアーデ著作集第10巻）、立川武蔵訳、せりか書房、1981年。

サティシュ・クマール『君あり、故に我あり』、尾関修・尾関沢人訳、講談社、2005年。

S・N・ゴエンカ『講話の要約』、日本ヴィパッサナー研究出版、1997年。

鈴木大拙『禅』、工藤澄子訳、筑摩書房、1987年。

ウィリアム・ハート『ゴエンカ氏のヴィパッサナー瞑想入門』、日本ヴィパッサナー協会監修、太田陽太郎訳、春秋社、1999年。

ティク・ナット・ハン『あなたに平和が訪れる禅的生活のすすめ』、塩原通緒訳、アスペクト社、2005年。

瞑想と快楽（食、性など）について

玉川信明編著『和尚、性愛を語る』、社会評論社、２００３年。

道元『典座教訓』、藤井宗哲訳・解説、角川学芸出版、２００９年。

ジェイムズ・N・パウエル『エロスと精気』、浅野敏夫訳、法政大学出版局、１９９４年。

久松真一『茶道の哲学』藤吉慈海編、講談社、１９８７年。

福岡正信『自然農法　わら一本の革命』、春秋社、１９８３年。

宮迫千鶴『官能論』、春秋社、２００６年。

新しいart of living／コミュニティ作りと精神性について

樫尾直樹『スピリチュアル・ライフのすすめ』、文藝春秋、２０１０年。

樫尾直樹『スピリチュアリティ革命』、春秋社、２０１０年。

坂口恭平『ＴＯＫＹＯ０円ハウス０円生活』、大和書房、２００８年。

ジョナサン・ドーソン『世界のエコビレッジ』、緒方俊雄・松谷泰樹・古橋道代訳、日本経済評論社、２０１０年。

毛利嘉孝『はじめてのＤｉＹ』、ブルース・インターアクションズ、２００８年。

文明の大転換について

ジャック・アタリ『21世紀の歴史』、林昌宏訳、作品社、2008年。

フェリックス・ガタリ『三つのエコロジー』、杉村昌昭訳・解説、大村書店、1997年。

ジル・ドゥルーズ、フェリックス・ガタリ『アンチ・オイディプス（上）（下）』、宇野邦一訳、河出書房新社、2006年。

ジル・ドゥルーズ、フェリックス・ガタリ『千のプラトー』、宇野邦一他訳、河出書房新社、1994年。

中沢新一『日本の大転換』、集英社、2011年。

ヘレナ・ノーバーグ＝ホッジ『懐かしい未来』、『懐かしい未来』翻訳委員会訳、懐かしい未来の本、2011年。

あとがき、ならびに謝辞

久しぶりの単著である。前著『美学特殊C』（2003年）から丸9年ぶりである。この間ある時期まで、私は、ほとんど文章を書かなかった。必要最少限しか書かなかった。書きたくなかった。

この間、いろいろなことがあった。いろいろな別れと出会い、終焉と誕生があった。多くの旅をし、多くの時間坐った。人生がまた大きく〝移動〟した。その軌跡の一端が、本書である。

この本は、難産であった。本書の形になるまで、足かけ3年かかった。

2008年の春から2009年の春まで、私はフランスに滞在していた。その間、2カ月かけ、パリから上海まで、ユーラシア大陸を陸路で横断した。その1年、心と体に響いた出来事を、メモ風に文章にしていた。久しぶりに、文章が書きたくなっていた。それらの言葉を、『hanare』というサイトに「地球日誌」というタイトルで連載していた。その一部が、本書の源となっている。そのサイトを運営し、連載を提案してくれた、須川咲子さんと高橋由布子さんにまずは謝意を表したい。

その後、「瞑想」にフォーカスし、原稿を大幅に書き換え書き足し、一冊の単行本に編むアイデアが生まれた。編集者の橋口薫さん（当時青土社）との長年の話し合いからだった。橋口さんは、前著『美学特殊C』に続く私の単著を出すべく、私の人生の大きな変化・移動にも辛抱強く付き合ってくれ、執筆を促してくれた。しかし、（青土社を辞めた）彼がその後持ちかけてくれた別の出版社と折り合いがつかず、企画は流れた。橋口さんからは実に様々な助言、励ましをいただいた。ここに特別な謝意を表したい。

その後、何人かの知り合いの編集者に、出版の相談をした。結局、ある人が紹介してくれた春秋社の賀内麻由子さんが、原稿に強い関心を寄せてくれ、企画にするべく尽力してくれた。私が、フランス滞在中、スイスで知り合った写真家・映像作家茂木綾子さんの写真とのコラボレーションという企画になった。三人で幾度となく相談したが、結局、今回も出版には至らなかった。内容の本質にまで真剣に立ち入ってくれ、企画の実現に誠心誠意取り組んでくれた賀内さんに、厚くお礼を申し上げたい。また、コラボレーションを快く引き受け、企画を共に作り上げてくれた茂木さんに深く感謝したい。

私の文章の中の〝何か〟が、「書籍」となることを拒んでいた。ある〝欠落〟かもしれなかった。さまざまな時期に、さまざまなスタイルで書いた、長短の文章を、換骨奪胎したためか、おそらく「書籍」となるべき「まとまり」を欠いていたのかもしれない。ある意味、意図的にそうしたのだったが、〝何か〟が「書籍」として腑に落ちることを拒んでいた。

今回、慶應義塾大学教養研究センターの選書とするべく、大幅な改稿、特に削除を行った。その過程で、〝何か〟を犠牲にしたように思う。それが文章にとってよかったかどうかわからない。が、「書籍」としての「まとまり」を優先した。そして、本書が成った。本書の刊行を快く受諾してくれた教養研究センター、特に選書審査委員会の方々に感謝したい。また、昨年出版した共著『黒板とワイン――もう一つの学び場「三田の家」』に引き続き、本書の編集に尽力してくれた慶應義塾大学出版会の乙子智さんに厚く御礼を申し上げたい。

また、長年、「相似禅」の如き精神状態に疲弊していた私に、ヴィパッサナー瞑想への決定的なきっかけをもたらしてくれた井上ウィマラさんに、厚く御礼を申し上げたい。

そして、EDE。未曾有の災厄を乗り越えつつ、その絶えず〝生きている〟コミュニティを、共に生き、共に作り上げていった（そして今なお生き・作りつつある）メンバーの方々に深く感謝したい。

最後に、私の日頃の瞑想や執筆を温かく見守り、励ましてくれた妻の聖子と娘の百香に、心より「ありがとう」と言いたい。

刊行にあたって

いま、「教養」やリベラル・アーツと呼ばれるものをどのように捉えるべきか、教養教育をいかなる理念のもとでどのような内容と手法をもって行うのがよいのかとの議論が各所で行われています。これは国民全体で考えるべき課題ではありますが、とりわけ教育機関の責任は重大でこの問いに絶えず答えてゆくことが急務となっています。慶應義塾では、義塾における教養教育の休むことのない構築と、その基盤にある「教養」というものについての抜本的検討を研究課題として、2002年7月に「慶應義塾大学教養研究センター」を発足させました。その主たる目的は、多分野・多領域にまたがる内外との交流を軸に、教養と教養教育のあり方に関する研究活動を推進して、未来を切り拓くための知の継承と発展に貢献しようとすることにあります。

教養教育の目指すところが、単なる細切れの知識で身を鎧うことではないのは明らかです。人類の知的営為の歴史を振り返れば、その目的は、人が他者や世界と向き合ったときに生じる問題の多様な局面を、人類の過去に照らしつつ「今、ここで」という現下の状況のただなかで受け止め、それを複眼的な視野のもとで理解し深く思惟をめぐらせる能力を身につけ、各人各様の方法で自己表現を果たせる知力を養うことにあると考えられます。当センターではこのような認識を最小限の前提として、時代の変化に対応できる教養教育についての総合的かつ抜本的な踏査・研究活動を組織して、その研究成果を広く社会に発信し積極的な提言を行うことを責務として活動しています。

もとより、教養教育を担う教員は、教育者であると同時に研究者であり、その学術研究の成果が絶えず教育の場にフィードバックされねばならないという意味で、両者は不即不離の関係にあります。今回の「教養研究センター選書」の刊行は、当センター所属の教員・研究者が、最新の研究成果の一端を、いわゆる学術論文とはことなる啓蒙的な切り口をもって、学生諸君をはじめとする読者にいち早く発信し、その新鮮な知の生成に立ち会う機会を提供することで、研究・教育相互の活性化を図ろうとする試みです。これによって、研究者と読者とが、より双方向的な関係を築きあげることが可能になるものと期待しています。なお、〈Mundus Scientiae〉はラテン語で、「知の世界」または「学の世界」の意味で用いました。

読者諸氏の忌憚のないご批判・ご叱正をお願いする次第です。

慶應義塾大学教養研究センター所長

熊倉敬聡（くまくら・たかあき）

慶應義塾大学理工学部教授。1991年パリ第7大学博士課程修了。1980年代は、フランス文学、特に「ステファヌ・マラルメの〈経済学〉」を研究。90年代は、コンテンポラリー・アートやダンスに関する研究・評論、企画、実践等を行う。2000年代は、教育現場の変革の作業を展開し、新しい学びの場「三田の家」の立ち上げ・運営に関わる。現在は、21世紀的art of livingの研究・実践に従事。特定非営利活動法人ミラック理事。主な著作に『黒板とワイン——もう一つの学び場「三田の家」』（共著、慶應義塾大学出版会、2010年）、『美学特殊C』（慶應義塾大学出版会、2003年）、『脱芸術／脱資本主義論』（慶應義塾大学出版会、2000年）、『セルフ・エデュケーション時代』（共著、フィルムアート社、2001年）、『女？日本？美？』（共著、慶應義塾大学出版会、1999年）。

慶應義塾大学教養研究センター選書12

汎瞑想——もう一つの生活、もう一つの文明へ

2012年3月31日 初版第1刷発行

著者——熊倉敬聡
発行・編集——慶應義塾大学教養研究センター
代表者 不破有理
〒223-8521 横浜市港北区日吉4-1-1
TEL : 045-563-1111
Email : lib-arts@adst.keio.ac.jp
http://lib-arts.hc.keio.ac.jp/
制作・販売——慶應義塾大学出版株式会社
〒108-8346 東京都港区三田2-19-30
表紙デザイン——原田潤
印刷・製本——株式会社 太平印刷社

Printed in Japan　ISBN978-4-7664-1934-4

慶應義塾大学教養研究センター選書

1 モノが語る日本の近現代生活—近現代考古学のすすめ
桜井準也著 ●700円

2 ことばの生態系 —コミュニケーションは何でできているか
井上逸兵著 ●700円

3『ドラキュラ』からブンガク —血、のみならず、口のすべて
武藤浩史著 ●700円

4 アンクル・トムとメロドラマ —19世紀アメリカにおける演劇・人種・社会
常山菜穂子著 ●700円

5 イェイツ—自己生成する詩人
萩原眞一著 ●700円

6 ジュール・ヴェルヌが描いた横浜—「八十日間世界一周」の世界
新島進編 ●700円

7 メディア・リテラシー入門—視覚表現のためのレッスン
佐藤元状・坂倉杏介編 ●700円

8 身近なレトリックの世界を探る—ことばからこころへ
金田一真澄著 ●700円

9 触れ、語れ—浮世絵をめぐる知的冒険
浮世絵ってどうやってみるんだ？会議編 ●700円

10 牧神の午後—マラルメを読もう
原大地著 ●700円

11 産む身体を描く—ドイツ・イギリスの近代産科医と解剖図
石原あえか編 ●700円

12 汎瞑想—もう一つの生活、もう一つの文明へ
熊倉敬聡著 ●700円

表示価格は刊行時の本体価格（税別）です。